穴解

八段锦

刘石 编著

黑龙江科学技术出版社
HEILONGJIANG SCIENCE AND TECHNOLOGY PRESS

图书在版编目（CIP）数据

穴解八段锦 / 刘石编著. -- 哈尔滨 ：黑龙江科学
技术出版社, 2025. 6. -- ISBN 978-7-5719-2788-2

Ⅰ. G852.9

中国国家版本馆 CIP 数据核字第 2025AM5898 号

穴解八段锦

XUEJIE BADUANJIN

作　者	刘　石	
责任编辑	焦　琰	
封面设计	单　迪	
出　版	黑龙江科学技术出版社	
	地址：哈尔滨市南岗区公安街 70-2 号　邮编：150007	
	电话：（0451）53642106　传真：（0451）53642143	
	网址：www.lkcbs.cn	
发　行	全国新华书店	
印　刷	哈尔滨市石桥印务有限公司	
开　本	710 mm×1000 mm　　1/16	
印　张	8.75	
字　数	110 千字	
版　次	2025 年 6 月第 1 版	
印　次	2025 年 6 月第 1 次印刷	
书　号	ISBN 978-7-5719-2788-2	
定　价	58.00 元	

前　言

2023 年 9 月，习近平主席在浙江考察时讲话指出："要更好担负起新时代新的文化使命，赓续历史文脉，加强文化遗产保护，推动优秀传统文化创造性转化、创新性发展。"作为中华传统导引养生法的八段锦，历史悠久，底蕴厚重。其养生思想蕴含了中华民族关于人与天地宇宙和谐统一、生生不息的最根本的文化基因。中华民族传统养生思想的萌芽最早可追溯至禹夏、殷商时期。导引术确切术式虽因年代久远，其最初形迹已难稽考，但在汉、宋、明、清历代均有清晰的图文史料留存。受医、武、佛、道、儒家各派的"阴阳平衡""中定内敛""圆融无碍""道法自然""天人合一"思想影响，八段锦不断丰富充实而形成了独特的身法架构和养生理念，是中华民族古老的养生智慧结晶。

八段锦作为成套动作的养生导引，宋代已有明确记载，在千年传承的基础上凝聚成经典的八式动作。因动作舒展大方，连绵华美，养生效果突出，被古人冠以"八段锦"的美称。功法强调天人合一，立身中正，身心自然，阴阳相和。习练者通过贯通全身经络、抻拔筋骨的动作，辅以呼吸吐纳，加之意蕴调理，达到柔筋壮骨、疗病怡神的锻炼效果。全套动作讲究身心和谐、自然柔缓、舒展大方，要求身形端正、动作典雅以培固正气。八段锦各势动作简洁凝练、易学易练，千百年来被广泛传承并不断发扬光大，为中华民族繁衍生息、强健体魄做出了巨大贡献。

近年来，随着全民健身和大健康战略实施，健康观念日益深入人心，优秀民族传统项目吸引了越来越多的习练者和爱好者，八段锦传播的范围和影响力日益增长，相关研究成果颇丰。全国陆续出版了《健身气功八段锦》《少林八段锦》《道家八段锦》《八段锦健身气功运动指南》等一系列图书。值得注意的是，现有研究多关注八段锦的普及推广，集中于八段锦流派介绍或具体动作技术教授，对功法依托的传统导引理论的科学普及有待深入，对这一古老健身方法弘扬与传播仍需更多作者的探骊。

八段锦动作入手虽易，掌握练习的关键却需要仔细斟酌和多年演练。如何在练习中精益求精，细究机理，真正体会功法中正安舒、心神自然的妙处，需要科学指导和正确练习的进阶之道。本书在传统中医理论的基础上，结合人体解剖及运动训练科学理论，对八段锦动作的呼吸吐纳和筋骨抻拔原理与实际功效进行通俗简明的介绍。从整套动作所涉经络与穴位出发，带领八段锦爱好者从导引养生功法的基本手法、步法、身形架构入手，以动作中经络腧穴为重点，一步一步建立正确动作定型。图文结合为习练者锻炼提供直观指导，真正发挥出这一古老养生功法的内在功效，从而达到动作准确、身心和谐、延年益寿的目的。

全书主要由六个章节组成。第一章重点探索八段锦的发展历史和流派，以便读者概略了解这一中华养生瑰宝的历史渊源。第二章以传统中医理论和人体运动解剖为基础，介绍八段锦锻炼方法。重点突出八段锦习练中关键腧穴的动作与效用。在传统中医理论的基础上，结合八段锦动作中呼吸吐纳之法，从整套动作所涉经络与腧穴出发，带领八段锦爱好者正确练习基本手法架构，一步一步建立正确动作定型。第三章结合全套八段锦每一势功法最突出的导引疗效，有针对性地细化手法、步法、身形架构，为读者习练时辅助疾病治疗，缓解、改善脏腑功能，疏通经络气血，和畅情志，协调精气神提供具体指导。第四章结合四季气机变化和人体经络运转、脏腑运化的特点，应时而动，达到导气令和，引体令柔的目的，为锻炼者顺应季节变化进行调节，更好掌握八段锦的导引养生精髓。第五章从医、武、佛、道、儒各家思想中"阴阳平衡""中定内敛""圆融无碍""自然无为""天人合一"的养生理念出发，介绍八段锦的理论基础，提高读者对优秀传统健身方法的认知，唤醒读者导引养生的传统文化基因，从而进一步提高对动作原理的认识，促成动作意蕴与锻炼气机的深度融合。第六章将八段锦练习中所涉经络、腧穴用鲜明的图文标注，以便读者快速查询，在练习中准确掌握动作及气息运用的关键。

全书科学性、可读性突出，图文并茂，深入浅出，易学易懂，既是初学者正确掌握八段锦的好帮手，也是资深爱好者不断精进、细化动作术式以提升导引效果与传统养生理论的参考书籍。

目 录 🍂

第一章　渊远流长　养生瑰宝

导引是我国古代以呼吸配合肢体运动的一种养生术，即通过呼吸吐纳，配合身体各部肢体的屈伸牵拉，达到气血流通、防病治病、促进身心健康等目的的养生气功。《黄帝内经》载：砭、针、灸、药、导引、按跷是古代独立并存的六大医术，说明自古以来导引就是重要的医疗方法，是中华民族养生健身的有效手段。

导引亦作"道引"，道家养生的"导气令和""引体令柔"是也。中华传统养生思想在上古时期已见萌芽，具体操作术式在春秋战国时期已经非常流行。八段锦在古老养生思想影响下，历经汉、唐各代充实，至明清高度融合了传统中医、武术、佛家、道家和儒家各家的哲学观、宇宙观与生命观念，动作范式凝炼为经典、系统和具体的导引术式。因动作柔和舒缓、中正典雅且功效明显而得以广泛传播，并形成独具中华民族文化特色的导引养生功法。

近年来，随着人们观念不断提高，传统导引越来越受到大众喜爱，成为人们强身健体、防治疾病的重要手段。以国家体育总局发布的标准练习版本的八段锦功法为代表，经央视春晚、国家体育总局官方网站以及各种新媒体平台的宣传推广，掀起全民习练八段锦的热潮，呈现蓬勃发展态势。

中华民族开始导引养生的习练时间，因年代久远已难以稽考，但从上古传说和近代考古出土文物中仍可一窥肇端。导引养生关于天地人和、身心自然的思想，在关于神仙彭祖的传说中已有体现，上海博物馆馆藏战国楚竹书关于天地、身心的记述，反映了古人宇宙和生命观念的思想萌芽。《彭祖》"天地与人，若经与纬，若表与里""怵惕之心不可长，远虑用素，心白身释"。桩功动作的雏形，甚至可追溯至禹夏、殷商时期。汉、宋、明、清时期，则历代均有对八段锦功法的确切史料与文字留存。古代导引术虽未能呈现出现代流行八段锦的全部套路，但历代遗存中已具八段锦某些导引术式和养生精髓。

战国青玉行气玉铭饰及铭文

战国时青玉行气玉铭饰，是我国最早关于气功的文献。铭文原文：行气，深则蓄，蓄则伸，伸则下，下则定，定则固，固则萌，萌则长，长则退，退则天。天几春在上；地几春在下。顺则生；逆则死。从这段文字中不难看出古人的天地人和、顺应自然和呼吸吐纳等朴素而深邃的养生观念。八段锦全套功法所要求的天地人和、中正安舒、平衡消长思想的内涵均有体现。

现存最早的导引专著——张家山竹简《引书》[1]记录了有关养生和有疗病功用的85个导引术式的名称及其具体操练方法，反映了汉代之前导引已是重要养生治病手段。除对具体术式动作与疗效的描述，还将导引理论上升至应时而动、天人合一的哲学境界。

我国现存最古老的气功图谱，是1972年湖南长沙马王堆三号墓出土轪侯家所藏《导引图》，其中记录的44个人物[2]所展现出的导引动作与八段锦动作中的站桩功、调理脾胃须单举、双手攀足固肾腰、左右开弓似射雕等具体术式在呼吸吐纳、动作形式和具体的养生目标上相通相近。

1　《引书》以文字详细说明导引的单势动作，以及治疗疾病的导引方法。1983年在湖北出土的《引书》竹简共112枚，3000余字，详细说明了四季导引养生的基本理念和原则，导引术的名称、功效及导引养生理论。书中载导引术110种，去除重复者为101种，其中述式85种，用于治病的有50种，仅述功用的有16种。

2　傅举有，《马王堆汉墓不朽之谜》，浙江文艺出版社，2011年7月。

汉代导引复原图　马王堆三号墓出土

八段锦是历代养生家与习练者共同创造的健身瑰宝，与易筋经、五禽戏、十二段锦等成套功法一样，是我国古老的导引术中流传广泛、对中华民族医疗养生发展影响深远的一种功法。

导引养生的思想萌芽与古人的祭祀、舞蹈、战争等活动密切相关，反映了中华民族最早的天地观、宇宙观、自然观以及宗族神观、阴阳平衡等观念。据殷商时期的甲骨文考证，古人认为宗祖神先能够佑护健康平安，为此会举行祭祀活动以除邪求福。凌家滩遗址出土的新石器时代站姿玉人至今5000余年，甚至比黄帝还要早。玉人顶天立地、守中环抱的姿态，隐隐透露出祖先渴望沟通天地、平衡阴阳、天地人和的朴素观念。1976年出土于河南省安阳市殷墟妇好墓、距今3000多年的孩童造型双性玉人，阴阳两面男女站立姿势与导引养生术的胎息行气、无极桩、抱球桩等动作所追求的中正安舒、阴阳平衡、抱朴归一有异曲同工之妙[3]。《黄帝内经》中"余闻上古有真人者，提挈天地，把握阴阳，呼吸精气，独立守神，肌肉若一，故能寿敝天地，无有终时，此其道生"，是中华传统养生保健活动融合了自古以来关于天地人和、阴阳平衡、道法自然之思想大成的精髓，也是中华民族历代导引养生所遵循的独特的理论基础。其流传年代远早于有明确"八段锦"字样记载并被广泛传习演练的宋代。

3　双性玉人年代为商王武丁时期（公元前13世纪），高12.5厘米、肩宽4.4厘米、厚1厘米。裸体站立，一面为男性，另一面为女性。男性为椭圆脸，耸肩，双手放胯间，膝部内屈；女性形象与男性近似，眉较弯，小口，双手置于腹部。双性玉人以两性兼体的外在形式表示和谐、互补、完美。

晋朝道教先贤葛洪[4]在其《神仙传·栾巴》中记：士大夫学道者多矣，然所谓八段锦六字气，特导引吐纳而已……；说明八段锦在此时已成为道家及士大夫阶层流行的养生方法。

五代末宋初蒲虔贯在《保生要录·调肢体门》讲道"养生者，形要小劳，无至大疲"，有"故手足欲时其屈伸，两臂欲左挽右挽如挽弓法"的记录，已具八段锦"左右开弓似射雕"的具体操作形式。

南宋曾慥[5]著《道枢·众妙篇》载："仰掌上举以治三焦者也；左肝右肺如射雕焉；东西独托，所以安其脾胃矣；返复而顾，所以理其伤劳矣；大小朝天，所以通其五脏矣；咽津补气，左右挑其手；摆鳝之尾，所以祛心之疾矣；左右手以攀其足，所以治其腰矣。"已经对八段锦动作术式、呼吸吐纳、经络运行和养生功效都做出了简洁明确的表述。

文献显示，导引术的养生观念发展至宋代时，已经具备了基于实际人体解剖之上的客观理论基础。以中医理论中经典的传统科学为依托，关于五脏六腑、十二经脉的联附、水谷的泌别、精血的运输都经确切的人体解剖观察

4　葛洪（281—341），字稚川，自号抱朴子，丹阳郡句容（今江苏句容县）人，东晋道教理论家、著名炼丹家和医药学家，世称小仙翁。葛洪思想渊深，著述宏富，《抱朴子》是其代表作。该书分内、外两篇。内篇 20 卷，论述神仙方药、养生延年、禳邪却祸之事，总结晋代前的神仙方术，包含守一、行气、导引等，为医药学积累了宝贵的资料。全书联系神仙道教理论与儒家纲常名教，融合儒、道两家哲学思想体系。《抱朴子》对道教发展产生深远的影响。所著怪志小说集《神仙传》，共 10 卷，收录了中国古代传说中的 92 位仙人的事迹；另有《金匮药方》百卷、《肘后备急方》四卷。

5　曾慥，字端伯，号至游子，南宋初道教学者，泉州府晋江县城人，龙山曾氏族人，于宋宣和年间（1119—1125）登科。《泉州府志》将其列为理学名臣。曾著《类说》《道枢》等著作。曾慥的生平，散见于《郡斋读书志》《建炎以来系年要录》《闽书》《泉州府志》《晋江县志》《宋诗纪事》等书。《闽书》载："慥，字端伯。初为尚书郎，直宝文阁，奉祠。博学能诗，闲居银峰，集百家之说二百六十余种，用以资治体，助名教，供笑谈，广见闻。号至游居士。"理学亦称道学、义理之学，是宋元明时期儒家思想学说的通称。

后绘制，并作为养生理论依据。宋徽宗崇宁年间（1102—1106）的《存真图》[6]（又名《存真环中图》），由北宋名医杨介编著，是中医关于脏象学的著作。其中多帧图谱包括"肺侧图""心气图""气海横膜图""脾胃包系图""二分水阑门图""命门、大小肠膀胱之系图"等，均为实际解剖观察后绘制。这些理论是八段锦导引养生所强调的经络通畅、阴阳平衡、气机升降和气血平衡的科学基础，也是八段锦成套功法所涉的三焦、肝肺、脾胃、五劳七伤、心火、气力、百病等症状描述和具体术式操作的理论依据。

北宋洪迈《夷坚志》[7]："多独止于外舍，仿方士熊经鸟伸之术……行所谓八段锦者。"此时的八段锦还被称为长生安乐法。可见八段锦在形成过程中，也会以仿生动作简洁准确地引导习练者来达到养生目的。熊之攀枝、鸟之伸脚，以及鱼之摆尾等，都是通过模仿动物来表现动作形式，强调动作效果的。

元代诸本的《事林广记》[8]，均载有《孙真人枕上记》和《吕真人安乐法》两篇养生歌诀。其句式工整，文字浅白，易读也易记，证明元代八段锦已经作为一种流行的健身方法被记录在书籍中，并在民间广泛流传，具备了成熟的套路，其名称与现代流行的八段锦各势动作名称基本相同。其文曰："昂

6　杨介（1060—1130），字吉老，又字克一。生于北宋嘉祐五年，卒于南宋建炎四年，享年70岁（南宋建炎四年回泗州，不幸为盗贼所害），江苏泗州（今淮安盱眙）人，寓居楚州（今淮安）。宋代医学家、文学家、解剖学家，苏门四学士张耒的外甥。杨介世代行医，闻名遐迩，他幼年承祖训，不仅攻读经学，还广交文坛俊彦，善绘事，尤擅画竹且擅长诗词。杨介在任州太医生期间以奇方异法治愈宋徽宗的疑难病症而名震京师。据史记载：宋徽宗食冰太过，病脾疾，国医不效，召杨介进大理中九。上曰："服之屡矣。"介曰："疾因食冰，臣请以冰煎此药，是治受病之源也。"果愈。所谓"存真"指脏腑，"环中"指经络。它对人体从咽喉到胸腹腔的五脏六腑进行解剖，并对十二经脉的联附、水谷的泌别、精血的运输等情况进行了较细致的观察与描述，是我国较早的人体解剖图谱。

7　洪迈（1123—1202），字景庐，号夷坚，南宋著名文学家、史学家。洪迈出身书香门第，学识渊博，著述颇丰，所著《夷坚志》全书共20卷，分为《夷坚甲志》《夷坚乙志》《夷坚丙志》和《夷坚丁志》四部分，记录了大量奇闻异事、神怪故事，为研究中国古代民间信仰、社会风俗以及文化心理的重要资料。

8　《事林广记》是一部民间流传很广的百科全书类型的中国古代民间日用类书，南宋末年陈元靓编撰，元代人增补。成书约在南宋绍定（1228—1233）以后，原本已失传。现存的《事林广记》为元明以来经过增广和删改的版本，有刻本、椿庄书院本、西园精舍刊本、积诚堂本、马藏宗家文库本等20余种。各版本时间横跨元明两代，内容无一完全相同。

头仰托顺三焦，左肝右肺如射雕；东脾草托兼西胃，五劳回顾七伤调；鳝鱼摆尾通心气，两手搬脚定于腰；大小朝天安五脏，漱津咽纳指双挑。"通过道家修行观念的传播，八段锦在民间得以更广泛的流传。

明洪武时期，朱权编著的《活人心法》中载录了八段锦，还为其配图作释，所载八段锦为坐姿形式，与现在的文八段锦相近。明代曹无极等人编录的《增演万育仙书》，记载了道引却病要诀，并在《万寿仙书·卷一》中收录了八段锦坐功图诀。书中包含了"文八段""武八段""丹房八段锦""静功十段锦""十二段锦""十六段锦""至游子六字诀"。

《修真十书》中记载"钟离八段锦"，明清时期风靡一时，流传甚广，成为养生家必修之术，在许多的养生秘笈中均有记载。随后的明清时期医学或养生著作中都以不同名称记载了八段锦。台北故宫博物院所藏站式八段锦，原贮于清光绪帝瑾妃（1873—1924）所居之永和宫，可见八段锦导引之术在皇家亦有深远影响。

明清时期八段锦得到较大发展，演化出少林八段锦、武当八段锦等流派，又分为文八段锦、武八段锦，进而衍生出十二段锦、十六段锦等不同称法。各流派均为千百年来经医、武、佛、道、儒家各宗在传播过程中互相交流渗透，并慢慢固定于几个最核心的动作。功法特点为形气神合、动静相兼，讲究松静自然、圆活连贯、身心和谐自然。

道家八段锦是最具代表性的以道家思想文化为核心的传统健身功法。道家的养生强调顺应自然、清静无为、调和阴阳，强调内功修炼和心身的调和。《道德经》的"人法地，地法天，天法道，道法自然"，对八段锦内容产生直接影响。历史流传下来的文献显示，道家导引中多有取自自然，模仿动物修习之术。如《庄子·刻言》中有"熊经鸟申"，《淮南子·精神训》中有"凫浴、猿躩、鸱视、虎顾"四种。

道家提倡内心的清静和无欲无求，通过减少欲望和外界干扰来达到身心的和谐与健康。其认为阴阳的平衡是维持身体健康的关键，提倡通过适当的身体活动调和阴阳平衡。道家八段锦包含的八个核心动作融合了道家的养生导引理念、技巧，每势均具独特的蕴涵和功效，与其道法自然、清静无为的哲学思想紧密相关。形成了武当八段锦、昆仑两仪八段锦、青城养生八段锦等主要流派及心法。昆仑两仪八段锦强调阴阳平衡，心法注重习练者自身的调整，达到阴阳平衡，从而强身健体、预防疾病。青城养生八段锦通过缓慢动作和结合道家呼吸吐纳放松身心，达到养生的效果，其以养生为主旨，适合各年龄段人群练习。

少林八段锦作非物质文化遗产的传承内容，近年来通过少林寺僧人在全世界范围的文化交流，得以海内外广泛流传。其八势动作分别为：第一势，献杵合掌势；第二势，虚托开胃势；第三势，舒肝理肺势；第四势，三焦达利势；第五势，摘星换斗势；第六势，十字通关势；第七势，负重固腋势；第八势，握固还原势。

除道教、佛教流派八段锦不断传习，历代医家也非常重视八段锦的养生作用。在治疗各种疾病中用到八段锦作为辅助手段，疗效确切，简便易行，成为普通百姓喜爱的养生健身方法。

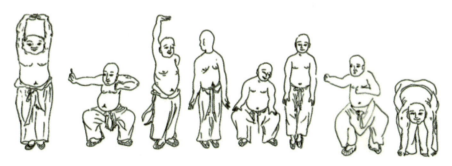

清末八段锦

第二章　腧穴强化 经络畅通

　　本章介绍八段锦各式动作的规范，以及动作习练过程中关键腧穴的配伍与练功原理。从传统中医理论出发，结合各势动作的气息运行和用力关窍，对动作中主要腧穴配合的作用与意义进行解读，帮助练习者充分理解练功原理和正确的练功范式。最重要的是在腧穴配合的基础上，形成气血流转、经络畅通、形神意合之势。本章内容既有助于初学者理解正确动作范式，以腧穴为关键，尽早掌握功法习练的关窍，也为经常习练八段锦的资深爱好者深入掌握各式动作养生的精妙提供参考，以达养生健身之效。

　　八段锦讲究形神相和，呼吸吐纳配合动作的开合屈伸，在调整身体姿态的同时，注重调心神、正意念。各式动作始终追求中正安舒、心神自然。明清以来的八段锦，深受医家、道家"阴阳平衡""清虚散淡"思想影响，在提拉抻拔等动作基础上，不断凝炼，讲究呼吸吐纳、经络畅通和形神意和之意蕴，逐渐成型，形成了独特的身法架构，是千百年来医、武、儒、道、佛家各种思想不断融合，并反哺滋养中华民族的养生实践和智慧结晶。

第一节　起　势

一、动作学习

　　八段锦起势动作由自然站立的状态始，至抱球桩完成。作为整套功法的起始动作，内含由静至动、"无极""四象"的转换。动作之始，便强调天人合一，气畅神达。起势动作主要意念关照人体经络中的任、督二脉，调整呼吸吐纳和身形架构，强调"调形、调息、调心"，使身心与环境圆融合一。务求形神意和，以达到调和阴阳、血气畅通和宁心静气的准备状态。

起势动作主要放松督脉，对百会、尾闾、命门、涌泉、肩井诸穴进行用意用气刺激，通过意念集中于百会、丹田、命门诸穴，松拔脊柱来运布气息水液、调整经络、舒通气血。

（一）动作分解

整套功法起始动作由静立姿态，向左开步，启动肝经，经由松静直立达到抱球桩，为下一势动作奠定基础。

动作由静态直立姿势至抱球桩达成身心的稳定协调，整个身形以圆满充盈的状态，为进入八段锦第一势动作做准备。蕴含着松静自然、经络畅达、阴阳平衡之意。在动静自然转换和过渡中调理心神，端正姿态，可有效调动肢体、凝聚心神，从而更好地进入中正安舒的自然之态，使锻炼者进入充分准备的练功状态。

动作1

自然站立。百会上领，虚领顶劲，下颌微收，虚掩下腋，松畅心经、肺经、心包经诸经络。两手自然下垂，中指中冲穴向下，贴合于大腿外侧。舒眉展目，舌抵上腭，配合自然呼吸。

动作1

动作 2

左脚向左轻开步，使脚趾点地，刺激大敦穴等脚上穴位，启动肝经。开步动作点起点落，两脚内侧与肩同宽，以使百会穴与会阴穴、肩井穴与涌泉穴上下呼应。松开下腋。配合自然呼吸。

动作 2

动作 3

吸气，两臂内旋，掌心劳宫穴向后，强调向后采气。向上摆起至约与髋同高处。

动作 3

动作 4

松膝沉髋，微下蹲；敛臀，回收尾闾穴，如坐高凳状，命门穴微开。同时，双手缓缓合抱腹前，手臂呈半圆，两掌心向内，使劳宫穴向内呼应命门穴，如抱圆球，呈抱球桩。呼气，意念集中于小腹关元穴，气沉丹田。

动作 4

（二）动作要求

动作要求：体态自然放松，呼吸深缓，动作结束，气沉丹田。圆肩拔背，沉肩坠肘，松腕舒指。脚趾抓地，强调涌泉穴采气。

初学者尤其注意呼吸自然、气沉丹田、命门微开。做到肌肉不紧张，百会上领时强调虚领顶劲，使脊柱上骨骼充分拉开。熟练掌握动作后，要进一步体会双手掌心劳宫穴微微发涨，手指少阳、商阳，尤其中指中冲各穴所在经络放松，抱球时意念集中于小腹丹田，具有心神安宁的感觉。

（三）错误解析

初学者在做这一动作时常见错误表现为：

1. 抱球动作时下颌过度上抬或前伸。

2. 手指过度紧张或松懈。

11

3. 抱球桩塌腰撅臀，命门穴闭合不开。

动作纠正：

1. 百会上领时，要虚领顶劲，注意不可过度仰头伸颌，脖颈肌肉僵硬。

2. 抱球时两掌呈自然掌，五指松紧适度，自然舒张，配合心经、肺经等各经络放松，配合呼吸吐纳，宁静心神。

3. 敛臀，略向前下方收尾闾，节节放松脊柱，命门穴微开，松督脉。

二、穴解八段锦

（一）腧穴配伍

起势动作中，需要格外注意百会上领，脚趾微抓地，与涌泉穴拮采地气之意相应。抱球桩时关键动作为命门微开。头顶百会、两掌劳宫穴与命门相合，形成环抱，取道家养生采气之意。

（二）功理与作用

起势通过百会上领，脚踏涌泉配合气沉丹田，劳宫与命门前后呼应的动作，形成周天浑圆之势，可达舒缓心、肺经，醒脑开窍、安神定志之效。

1. 本势动作由左脚点起点落启动肝经，是调动正气，调整气血畅行，经络畅通之意，也是为八段锦后续动作奠定中正安舒、心神松静的基础。左脚点起点落刺激大敦穴，作为肝经的第一个穴位，刺激大敦穴可以调理肝肾、息风开窍、理血、缓解焦躁情绪、清肝明目。

2. 百会穴上领，可充分放松督脉和脊柱旁夹脊诸穴。脚趾微抓地，刺激涌泉穴。肾是人的先天之本，肾主水，主管人体的水液代谢以及泌尿生殖系统，而肾经的起始之穴就是涌泉。抱球桩能充分压踏涌泉穴，畅通心、肺经，松达任督二脉，影响全身血气运行，调达经络。

3. 本势动作强调收尾闾，使命门穴微开。命门穴作为督脉要穴因负责向外输出阴性水液，有维系督脉气血畅流不息的重要作用。抱球桩动作通过收尾闾、开命门、松督脉的动作，可治疗腰痛、肾脏疾病、精力减退、疲劳、骨质疏松症等，有温补阳气、散寒祛湿、缓解疼痛、提高免疫力的功效。

第二节　两手托天理三焦

一、动作学习

该势动作通过两掌交叉引领手臂的托举、提拉和抻拔，配合呼吸吐纳调理全身经络。强调意念顶天立地，可通三焦、络胃脾、畅通肝胆等各经络。理三焦的动作能够调理全身气息，带动水液运转，达到通畅经络，提升气血的效果，间接刺激三焦经上腧穴。

两手托天理三焦

两手托天动作通过手腕部翻转掌根用力上撑，抻拉挤压太渊穴、大陵穴、神门穴、阳池穴、阳谷穴、阳溪穴；小臂扭转动作刺激外关穴；肘部扭转动作刺激天井穴；竖脊夹肌的动作刺激肩部肩髎、天髎诸穴；抬头上观动作刺激大椎、翳风、丝竹空诸穴。

（一）动作分解

动作1

呼气，在抱球桩基础上，两臂自然下落于小腹前。掌心内劳宫朝上，掌指尖中冲穴相对，距离约一拳，小指侧离小腹前下丹田约一拳。目视前方。

13

动作 1

动作 2

接动作 1。两掌五指分开，使手臂阴阳经络舒展。两掌腹前交叉向上，取内劳宫托举引气之意。目视前方。

动作 2

动作 3

吸气。身体重心徐起，屈肘牵动曲池穴、尺泽穴、手三里穴、小海穴、少海穴、肘髎穴诸穴。双掌保持交叉向上引，提升丹田之气至胸前膻中穴位置，掌心朝上，取内劳宫穴引领全身气血上布之意。目视前方。

动作 3

动作 4

手臂继续上托，保持吸气状态，两腿徐缓伸直刺激伏兔穴、委中穴、足三里穴、承山穴诸穴；同时，两臂内旋，刺激手厥阴心包经；两掌向上托起，肘关节微屈，掌心劳宫穴朝上。目视两掌外劳宫穴，抬头伸下颌充分挤压大椎穴。

动作 4

动作 5

两掌继续上托，肘关节伸直，两臂用力内收，头摆正，收下颌；两臂大臂夹紧两耳外侧，竖脊夹肌挤压后背夹脊穴。动作略停，闭气（呼吸略停）。掌根用力，两臂保持向上提拉，抻拔任脉上膻中穴、中脘穴、气海穴，挤压

15

肩背肩髎穴、天髎穴、膏肓穴、夹脊穴诸穴。目视前方。

动作 5

动作 6

呼气。同时身体重心缓慢下降，两腿膝关节弯曲，放松委中穴；松肩、松开两手，十指慢慢分开；中冲引领，两臂分别向身体两侧充分伸展画弧；下落至斜下方 45° 时手臂屈肘，两掌捧于腹前，掌心向上使内劳宫向上，呈捧球桩；掌指中冲穴相对，距离约 10 厘米。目视前方。

动作 6

（二）动作要求

两手托天的动作要求立身中正，动静相宜，自然流畅。本势动作强调手臂上托、下按抻拉三焦经，配合任督二脉和带脉经络的提拉抻拔与松解。两掌上托时要求舒胸展体，脚趾抓地。将全身气息通过上下往复循环运动，带动全身气血的畅达。尤其是双掌达到人体至高点后，上下对拔拉长、节节抻开，充分伸展放松脊柱，挤压平常难以刺激的膏肓穴，提振畅通任督二脉。

（三）错误解析

1. 上托过程中动作过度紧张，导致耸肩，使三焦经、大肠经气滞阻胀。

2. 动作衔接过程中有停顿致使内劲中断。

3. 上撑至头顶后，手指过度紧张而掰手指，导致手臂阴经不能充分抻拉，阳经阳池穴、阳谷穴、阳溪穴诸穴得不到充分挤压刺激。

动作纠正：

1. 两掌上托至胸前时，不可紧张耸肩，注意沉肩、两掌带动前臂上抬。两手托天理三焦通过自然充分的提拉伸展，实现阴阳转换而达到全身气血流转、经络通畅和身正体健目的。

2. 动作衔接过程吸气上托、闭气掌根上撑、呼气下落要内劲持续，动作连贯，以达到督脉、任脉之间的气机转换和流通。

3. 注意两掌翻转上托时要眼随手动，下颌向上充分抬头，给大椎穴适当的刺激，收下颌、头部回正时配合两掌继续上托，至肘关节伸直，力在掌根，意气达于掌指。

二、穴解八段锦

（一）腧穴配伍

本势手足三阴经、三阳经与任督二脉诸穴配伍，形成天地人和之势。重点锻炼的关键穴位有大椎、阳池、膻中、中脘、气海、肩井、肩髎、天髎、膏肓、夹脊、委中、涌泉等诸穴。

（二）功理与作用

1. 本式通过四肢、躯干的伸展抻拉，配合呼吸吐纳，促进元气、水液在全身流转分布，调理气机升降。可调理三焦，畅通任督二脉，提高脏腑功能。

2. 两手交叉抬升至头顶后掌根用力上撑的连续动作，可有效提升肩部的运动链条。手腕部翻转，掌根用力上撑动作主要抻拉手臂及腕部众多肌肉肌腱，包括掌长肌腱、桡侧腕屈肌、尺侧腕屈肌、桡侧腕长伸肌、桡侧腕短伸肌、尺侧腕伸肌等，从而刺激太渊穴、大陵穴、神门穴、阳池穴、阳谷穴、阳溪穴产生刺激；通过双手上举抻拔，充分舒胸展体，刺激膻中穴、中脘、气海等穴；竖脊夹肌有意识挤压大椎、膏肓、肩井、肩髎、天髎、夹脊等穴位，对防治肩部疾患，预防颈椎、腰椎疾病具有良好作用。上下贯通可利三焦运转、消食通便、强壮筋骨，具有畅通经络和解除疲劳的作用。

此势动作促使气血流入三焦经，有效调理三焦功能，因此名为两手托天理三焦。

第三节　左右开弓似射雕

一、动作学习

左右开弓似射雕亦称左肝右肺似射雕。本式通过"左右开弓"拉伸、拔长手臂，扩张胸腔来刺激手阳明大肠经、手太阴肺经、手厥阴心包经。两腿为气血枢纽、经络通道，通过马步左右转换，配合手臂左右开合和头颈部的左右转动，能够充分刺激足太阳膀胱经、足少阳胆经、足阳明胃经和足厥阴肝经，从而达到阴阳调和、气机调畅的作用，同时对足太阴脾经、足少阴肾经，也具有调和营卫、疏通气血、强肾健体之效。

主要锻炼的穴位：通过左右开合的动作间接刺激中府、云门、膏肓、夹脊诸穴，通过八字掌坐腕立掌向小臂方向回挑食指来刺激少商穴、商阳穴、太渊穴，挤压阳池穴。马步蹲桩刺激血海穴、阴陵泉穴、阳陵泉穴、足三里穴等腿部腧穴和足部涌泉穴、大敦穴、厉兑穴等腧穴。

左右开弓似射雕

（一）动作分解

动作 1

搭腕吸气。松腰沉髋，重心右移，左脚向左开步，刺激大敦穴。膝关节自然伸直，通过脚底涌泉用意，立身中正，扎根地下的动作刺激委中穴、涌泉穴诸穴；沉髋时抻拉大腿内侧的脾经穴位血海穴、小腿外侧足三里穴。肩部放松，屈肘，两臂交叉搭腕，大陵、阳池、太渊、神门诸穴呼应胸前膻中穴位置，促进肺气畅通。左掌在外，两掌内劳宫穴向内。目视前方。

动作 1

动作 2

两臂沉肘稍回收。左臂内旋坐腕成八字掌，掌心斜朝前，使内劳宫向外，手指尖朝上；同时，右掌屈指成龙爪；松膝沉髋降为马步，使内外膝眼穴与脚趾八风、气端穴方向一致；脚趾抓地，挤压大敦、厉兑、隐白、足窍阴、侠溪诸穴。左掌向左侧推出，腕与肩平，拇指少商与食指商阳穴对向争力的同时，挤压阳池穴；右手龙爪向右平拉至肩前，右肘肘尖穴与左手商阳穴相呼应，状如拉弓射箭，保持对向抻拉，挤压背后夹脊穴；目视左手食指，意念集中于商阳穴。

动作 2

八字掌

龙爪

动作 3

重心右移成偏马步，双手五指伸开成自然掌。右掌以右肘尖为圆心，向上、向右转掌再向外画弧，两臂平开，使内劳宫由云门、中府处转至向右向外采气。掌根用力外撑，食指商阳向小臂方向用力回挑，同时要少商、商阳穴用意对向争力，刺激手太阴肺经、拉伸手厥阴心包经。

动作 3

动作 4

重心右移，收左脚，微屈膝，并步站立，回至捧球桩，放松委中穴；同时，两掌分别由两侧下落捧于小腹丹田处，掌心内劳宫穴朝上，两手中指中冲穴相对，约一拳距离。目视前方。

动作 4

动作 5

右式动作同左式动作，但左右相反，一左一右为一遍。

（二）动作要求

动作要求：体态自然，呼吸深缓，心神安宁。脚趾抓地，意沉涌泉并充分刺激足趾大敦、隐白、厉兑、足窍阴、至阴、八风诸穴。手指少阳、商阳穴对向争力。开弓时闭气，要求提肛缩阴撮谷道 9，气不下陷。

（三）错误解析

1. 颈项不直，动作不到位，转头时歪头、转头不充分。

2. 拉弓射箭张弛无度，有耸肩动作。

3. 推掌时直肘、直腕。

4. 马步跪膝，重心偏移。

5. 收腿时脚拖地、晃动，步法沉滞。

动作纠正：

1. 注意下颌内收，拉弓射箭动作强调充分转头，目视食指的商阳穴。

---

9 "撮谷道"即为提肛运动。谷道指肛门。撮，提缩也。谷道与会阴毗邻，撮谷道是强调对会阴穴提升与松降。撮谷道可以调节气血，特别是督脉的通畅，从而有助于提升阳气，防止肾气的下陷。

2. 强调沉肩坠肘、坐腕立掌、上挑食指。

3. 开弓射箭动作的手臂肘部要略弯，使射箭一侧掌根和拉弓侧肘尖对向抻拔用力。

4. 马步下蹲，膝盖不超过脚尖，保持立身中正，重心落于两腿中间。

5. 加强腿部力量练匀，开收马步均需充分屈膝，轻抬脚尖缓缓落步。

二 、穴解八段锦

（一）腧穴配伍

左右拉弓射箭时，射箭侧手及臂为阳，八字掌坐腕立掌，意气集中商阳穴。八字掌与龙爪手型刺激十宣、四缝、外劳宫、八邪、小骨空诸穴。大陵、阳池与天井配合，有效抻拔阳经。拉弓侧手掌呈龙爪，五指屈曲，大小鱼际向外撑，护于云门、中府穴前，意在收敛阴经，护卫肺经。

（二）功理与作用

左右开弓锻炼上焦、刺激中焦，马步转换锻炼下焦。上焦是心肺等重要内脏集中的部位，本节动作左右抻拔拉伸，舒胸展体可刺激三焦经对应的脏腑腧穴。而腿部则为肝经、胃经、膀胱经循行部位，深蹲马步可有效锻炼腿上诸经络。

1. 扩胸展肩、转头，可加强颈椎、胸椎的运动，刺激大椎、夹脊、膏肓诸穴，松解督脉腧穴。

2. 左右开弓对向抻拔打开上焦。通过八字掌坐腕翘指、龙爪置于肩前云门处，可有效刺激手太阴肺经、手阳明大肠经、足阳明胃经从而改善五脏六腑，提高心肺与胃肠功能。

3. 马步蹲桩主要作用于肝经和胃经胸腹部与下肢部循行路线。力量作用于股四头肌，大腿后侧的股二头肌、半腱肌、半膜肌和臀部的臀大肌、臀中肌等，在增强下肢肌肉力量和耐力的同时可有效牵动大敦、行间、太冲、中封、蠡沟、中都、膝关、曲泉、阴包、足五里、阴廉、急脉、髀关、伏兔、阴市、梁丘、犊鼻、足三里、丰隆等穴。同时，左右马步蹬伸转换对委中穴、血海穴均为有效刺激。

此势动作下肢马步幅度决定了所能锻炼的目标经络。较宽马步可重点锻炼脾经上箕门穴、血海穴、阴陵泉穴、地机穴、漏谷穴、三阴交穴等；也能有效刺激足阳明胃经上的伏兔穴、阴市穴、梁丘穴、犊鼻穴、足三里穴等；以及足厥阴肝经上的阴包穴、曲泉穴、膝关穴等；窄幅马步则可更好地锻炼承扶穴、殷门穴、浮郄穴、委阳穴、委中穴、承山穴等膀胱经上诸腧穴；也能有效刺激足少阴肾经上的阴谷穴、筑宾穴、交信穴、复溜穴、太溪穴、水泉穴、大钟穴、照海穴等腧穴。

第四节　调理脾胃须单举

一、动作学习

调理脾胃须单举的动作，通过"单举"使两手上撑下按、对向抻拔，舒胸展体、拔长腰脊并抻拉胁肋部，抻拉脾、胃经，疏通肝、胆经，使脾气生、胃气降，从而达到滋养脾胃、疏肝解郁效果。

主要锻炼和刺激穴位：包括上撑抻拉神门、大陵穴，挤压阳池穴；单举疏通脾经刺激腹哀穴、抻拉大包穴；同时，单举对向抻拉三焦，对神阙与带脉穴进行有效刺激。

（一）动作分解

动作1

起始动作捧球桩：呼气。两臂自然下落于小腹前，掌心内劳宫朝上，掌指尖中冲穴相对，距离约一拳，小指侧离小腹前下丹田约一拳。目视前方。

动作 1

动作 2

吸气。稍起身，提重心同时左掌上提内旋至胸部，掌心内劳宫向内呼应膺窗穴和乳中穴，指尖斜朝上；右臂内旋使右掌心内劳宫呼应腹部神阙与带脉穴，指尖斜朝下；两臂斜向平行如抱婴儿。目视前方。

动作 2

动作 3

左臂继续内旋上举，翻掌上举至左肩斜上方，力达掌根；指尖朝右，使中冲穴与肩井穴相呼应；肘关节微屈，掌心内劳宫斜朝上，抻拔手臂的阴郄穴和腋下渊腋穴。同时，右臂继续内旋，右掌下按至右胯旁约 10 厘米处（不可夹紧胳膊，易导致心经紧张）；肘关节微屈，力达掌根，掌心内劳宫向下，掌指朝前，挤压手背阳池穴，抻拔手腕刺激内侧大陵穴；动作略停，闭气，保持抻拉。目视前方。

动作 3

动作 4

呼气。松腰沉胯，身体重心缓缓下降；两腿膝关节稍屈，松委中穴；同时，左肩下沉，左臂屈肘外旋下落，掌心内劳宫向内呼应膺窗和乳中穴，指尖斜朝上；右臂外旋，右掌收至腹前，掌心朝内使右掌心内劳宫呼应腹部神阙与带脉穴，指尖斜朝下。目视前方。

动作 4

动作 5

回至捧球桩：两臂自然下落于小腹前，掌心内劳宫朝上，两掌指尖的中冲穴相对呼应，距离约一拳，小指侧离小腹前下丹田约一拳。目视前方。

动作 5

动作 6

右式动作同左式，但左右相反。最后一动时，右臂手掌根大陵穴引气向前缓缓下落；身体重心下降，两腿膝关节弯曲，松委中穴；同时，右掌下按于胯旁约 10 厘米处，劳宫向下，掌指自然舒张，中冲向前，左掌微前移，两肘微屈，呈扶按桩。目视前方。

动作 6

（二）动作要求

中正安舒，动静相宜，自然流畅。本势动作强调提拉松解，两掌上托舒胸展体，脚趾抓地，使足底涌泉穴与十趾气端、八风诸穴得到锻炼与刺激。上下对拔拉长，节节抻开，将全身气息通过上下往复托举下按的动作进行调理疏通，带动肝胆经、脾胃经气血的畅达。充分拉伸体会上擎天、下抚地、顶天立地之感，挤压平常难以刺激的膏肓穴等，提振任督二脉。

错误解析：

1. 上撑下按手臂僵直，未能做到上下抻拉，左右对拔。

2. 两掌上举下按时，配合不协调。上举手路线较长。肩不平衡或耸肩。

3. 动作过程有停顿、不连贯，内劲中断。

动作纠正：

1. 注意本势动作用力，手臂略弯，上下左右暗劲对拔。

2. 上撑力在掌根，抻拉手部阴阳经络；下按时沉肩、坠肘、旋臂。上下抻拉，左右对拔时体会两胁充分拉伸，抻拉章门、期门诸穴，舒展上体。

3. 强调动作连绵华美。保持呼级吐纳配合内劲提拉抻拔，气息连续稳定，动作顺畅自然。

二、穴解八段锦

（一）腧穴配伍

掌根发力，挤压阳池穴，抻拉太渊穴、大陵穴、神门穴。竖脊夹肌，刺激肩髎穴、天髎穴、膏肓穴。手臂上撑下按配合腿部蹬伸起伏，可刺激脾经上隐白、大都、太白、公孙、商丘、三阴交、漏谷、地机、阴陵泉、血海、箕门、冲门、府舍、腹结、大横、腹哀、食窦、天溪、胸乡、周荣、大包诸穴。同时刺激伏兔、委中、足三里、承山诸穴，形成天地人合之势。

（二）功理与作用

1. 调理三焦，畅通任、督二脉和手足三阴三阳经。通过舒胸展腹，使胸腔、腹腔、盆腔内脏器官受到牵拉、按摩，促进气血运行，提高脏腑功能。四肢、躯干的伸展抻拉，并配合调息，有利于元气、水液在全身的布散和气机的升降。

2. 疏通肝经。上举下按成定势时，脚拇指有意下压可刺激足厥阴肝经的大敦、太冲，提拉抻拔时展体舒胸，对章门、期门等穴充分抻拉，从而达到强心健脾、舒肝养胃的作用。

3. 上撑下按可升清降浊，调理脾胃。两手上托下按的过程中，利于脾胃升清降浊，改善消化吸收能力。

第五节　五劳七伤往后瞧

一、动作学习

五劳七伤往后瞧通过手臂旋拧、充分转头（即"往后瞧"）和竖脊夹背的动作，打开手臂经络，挤压拉伸颈部肌肉，对大椎、天髎和足太阳膀胱经上诸要穴进行刺激，调畅心经、心包经，平衡阴阳，调节心神。

拧转手臂主要锻炼手及臂部的中冲、内劳宫、内关、曲泽、天泉诸穴，刺激肩背部的大椎、天髎、夹脊等穴位。此动作强调舒胸展体，有助于刺激胸前的膻中穴。

（一）动作分解

两脚开步站立，两膝微屈，两掌扶按于胯旁环跳穴两侧，劳宫向下，中冲向前，指掌自然舒张，目视前方。动作讲究身形端正，双掌劳宫向下时如按水中浮球，意守丹田，根基稳固。

在此基础上挺身舒胸，展肩旋臂，通过拧毛巾一样的动作，使手上阴阳经络充分抻拔，达到经络畅达、阴阳平衡之意。往后瞧的动作抻拉肩颈后背的胸锁乳突肌、斜方肌、夹脊肌等，充分刺激大椎穴、天髎穴，在左右旋拧抻拉转换过程中调理心神，纠正姿态，达到清头明目、通经活络之效。

动作 1

吸气。升重心，挺直双腿，抻拉委中穴。两掌分别向斜下两侧摆起，手臂与身体的角度约 45°，双手内劳宫穴向后，中指中冲穴引气，向身体两侧斜下方用意伸展。目视前方。

动作 1

动作 2

闭气后瞧：两臂充分向外旋拧，以中冲穴为中心，拇指少商穴引气，小指少冲穴意念相随，至肘尖穴与章门穴呼应。头向左后方转动，刺激大椎穴；挺膝直立，抻拔腿后侧肌肉，刺激委中穴；展肩扩胸，稍目视左斜后方，意念集中膏肓，竖背挤压夹脊穴。

动作 2

动作 3

呼气回正：松腰沉髋，身体重心缓缓下降，两腿膝关节弯曲，放松委中穴；同时，头转正，两臂内旋，屈肘，两掌内劳宫向下按于胯旁环跳穴两侧；中指中冲穴朝前，指掌自然舒张。目视前方。

动作 3

动作 4

右式动作同左式，但左右相反。最后一个动作回正，以捧球桩结束。此时双膝微屈，松委中穴、降尾闾穴，两掌内劳宫穴向上，中指中冲穴相对，间距约 10 厘米捧于小腹前。目视前方。

动作 4

（二）动作要求

本势动作强调头部的悬领，由百会穴向上领起，提升阳气。保持身形正直，任督二脉畅达松静自然。转头用力适度，平转向后，不可歪头，以挤压大椎，抻拉刺激天牖、瘈脉、翳明各穴所在肌肉肌腱。两臂于体侧抻拉拔长，手臂由中冲穴引领，充分伸展旋拧手臂阴阳经络，刺激手腕原穴。舒胸展肩，劲达脊背，挤压膏肓穴、夹脊穴。扶按桩时意念要强调气沉丹田，两掌收回按于胯旁，两肩胛骨微外开，命门穴微后凸，脊柱竖直，保持头顶悬。挺膝直立时充分伸展，抻拉刺激委中穴。

（三）错误解析

1. 颈项肌肉僵硬，转头时上体后仰或歪头，引起大椎穴处经络气血紊乱阻滞。

2. 旋臂不充分或过于用力，导致两臂松懈或超伸到身体后，难以达到阴阳平衡之效。

3. 往后瞧动作结束时，扶按桩塌腰撅臀。

动作纠正：

1. 立身中正，强调百会上领，下颌内收以松任脉。

2. 旋臂时意念集中于中冲，尽力向远方伸展。旋拧手臂如同拧毛巾，旋拧手臂强调用意以中指中冲穴为轴，大拇指少商穴引领，小指内侧少冲穴意念相随。

3. 扶按桩时敛臀，略向前下方收尾闾穴，节节放松脊柱，松督脉，命门穴微开。

二、穴解八段锦

（一）腧穴配伍

五劳七伤往后瞧是八段锦对肩颈和手臂穴位抻拉、挤压刺激较多的动作，功效明显。通过百会上领，立身中正，统领任督二脉阴阳调和。旋臂动作对心经、心包经、肺经、三焦经、大肠经、小肠经进行疏通，同时挤压手腕阳溪、太渊、神门，牵拉挤按大小鱼际，用意气达八邪穴。转头后瞧，配合夹背动作对大椎、天牖、瘈脉、翳明、膏肓诸穴以及督脉上夹脊穴进行刺激。

（二）功理与作用

动作中的头颈后转和上、下肢配合，可以刺激到心、肝、脾、肺、肾等五脏的腧穴，以及胃、大肠、小肠、胆、膀胱、三焦等六腑的腧穴。以此调脏腑、平阴阳、和气血减少因情志波动和过劳等出现的"五劳七伤"。本势动作在旋拧手臂、刺激大椎的过程中，锻炼阴阳经、调整督脉，从而起到防治"五劳七伤"的目的。

1. 两臂外旋、展肩扩胸动作，通过张驰变化，促进手部三阴经和任脉的放松抻拉，以及对手部三阳经和督脉的挤压松解，尤其对心包经中冲、内劳宫、内关、曲泽、天泉诸穴的拧转刺激，可有效应对情志波动问题；两臂内旋下按时，肩胛微开、命门后凸动作，则能有效放松手部三阳经和督脉，收夹后背肌群则刺激背部腧穴。

2. 转头后瞧时，可刺激颈部大椎，牵拉天牖穴，能够改善脑部供血。头部平转向后，目视膏肓穴，也有效的增强颈、项、背部肌肉力量，左右次第拉伸刺激两侧附分、魄户、膏肓、神堂等穴位，达到舒筋活血、疏风散邪，从而宁心安神、通经活络的目的，尤其对头痛、项强、目痛、耳鸣等有很好缓解效果。

第六节　摇头摆尾去心火

一、动作学习

摇头摆尾去心火一势，通过摇头以降心火，摆尾升肾水来达到水火既济之势。此势可协调任督二脉，调整呼吸吐纳，调和阴阳，以达到血气畅通和心神舒畅的状态。通过摇头摆尾增强肾阴对人体各脏腑器官的滋养和濡润作用，进而达到去心火的目的。

主要锻炼刺激的穴位主要包括任脉上会阴、关元、石门、气海、阴交、神阙、中脘、膻中、天突穴、廉泉、承浆等腧穴；督脉大椎、尾闾、命门诸穴；以及腿部血海、梁丘、足三里、阴市、伏兔、膝阳关、中渎、风市及脚上涌泉、独阴等腧穴。

（一）动作分解

动作 1

吸气。在扶按桩基础上，起身向右跨出一步，两腿自然伸直相距约三脚半。初学者也可略窄，根据自身下肢力量确定。两脚脚趾抓地，大敦、行间、太冲、侠溪、足临泣、足窍阴及地五会诸穴有意向下，如同树木生根。同时，两掌上托至胸前膻中穴处，旋臂翻掌向外向上抬升至头部斜上方，肘关节微屈使肘尖穴向外、劳宫穴斜朝上、中指中冲相对。目视前方。

动作 1

动作 2

呼气。两腿徐缓屈膝松委中穴，降重心下蹲成马步；脚趾抓地，用意涌泉穴同时挤压足上八风、气端诸穴。两臂从两侧下落，肘关节弯曲挤压小海穴，两掌指扶于膝关节上方伏兔穴处，手腕松沉，挤压阳谷穴，使神门、阴郄、通里、灵道诸穴放松；掌指斜朝前，务使掌心空出让劳宫穴向外采气；放松心经、肺经、心包经，中正安舒。目视前方。

动作 2

动作 3

吸气。膻中穴引领，使身体重心稍起后右移，右腿膝关节弯曲，踩涌泉，挤压足窍阴、侠溪、足临泣、足通谷、束骨、京骨、仆参等诸穴。左腿膝关节稍屈，踩涌泉穴，挤压然谷、公孙、太白、大都、隐白、独阴等腧穴；上体右倾约45°。目视前方。

动作 3

动作 4

身体重心稍下降成右偏马步；同时，上体右转俯身，挤压独阴穴；目视右脚尖大敦穴，用意向下。微含胸，松后背大杼、风门、附分、魄户、膏盲诸穴，保持任督二脉放松。

动作 4

动作 5

身体重心左移成左偏马步状；同时，上体保持俯身含胸，大椎、膻中诸穴意念放松，左旋至左斜前方；目视右脚内踝尖穴，挤压太溪、照海、水泉、大钟、然谷诸穴。此动作意在使足少阴肾经经络畅通，涌泉至俞府诸穴用意使气血畅行。

动作 5

动作 6

呼气。身体重心稍右移，右髋向右侧送出，尾闾引领髋部向右、向前、向左、向后旋转至正后方，刺激任脉、督脉诸穴；同时，身体重心随尾闾转动移至两腿间，膝关节弯曲；胸微含，放松督脉，头依次向左、向后转至正后方旋挤大椎穴；承浆穴上领。目视上方。

动作 6

动作 7

呼气。接动作 6 使下颌与尾闾同时内收，强调大椎穴与尾闾穴呼应；身体重心下降成马步。目视前方。

动作 7

动作 8

本式一左一右为 1 遍，共做 3 遍。做完 3 遍后，身体重心左移，右脚收回成开步站立，与肩同宽，使肩井穴、涌泉穴，百会穴与会阴穴再呼应，任督二脉回至松正状态；同时，两掌从两侧向上至肩高时外旋翻转掌心朝上，随之两臂上举，两掌内劳宫相对。目视前方。

动作 8

动作 9

身体重心缓慢下降，两腿膝关节弯曲，松尾闾；同时，两臂屈肘，两掌经面前过引气向下，按至下丹田处，掌心内劳宫朝下。目视前方。

动作 9

（二）动作要求

动作要求：动作协调，圆融连贯。强调任督二脉自然松达，尤其要做到肌肉放松，使任督二脉及带脉诸穴有效拉开松解。此势重在通达任督二脉，对二脉所涉 40 余穴均有抻拔，同时活动带脉诸穴。

熟练掌握动作后，更进一步强调头尾呼应，以尾闾带动头部运动，使内力由尾闾沿脊柱螺旋上升到大椎穴。忌挺胸展腹，摇头时胸部微含上焦内收、柔和缓慢；摆尾时要收腹，尾闾穴引领头部回旋运动。

（三）错误解析

1. 动作不协调，摇头与摆尾动作脱节。

2. 摇头摆尾时挺胸展腹，任督二脉不畅。

3. 扶按大腿的两掌全掌贴紧大腿或虎口掐按大腿。

动作纠正：

1. 摆尾先行，由尾闾引领，摇头相随，带动任督二脉配合，节节松展脊柱，使督脉两侧夹脊穴真正得到抻拔。

2. 注意沉胯、收腹、胸部微含，督脉放松。

3. 两掌扶按大腿时，掌根悬空、手腕松沉，指尖轻搭大腿外侧，使手上内劳宫穴空出采气。

二、穴解八段锦

（一）腧穴配伍

摇头摆尾去心火是八段锦动作中通过脊柱螺旋运动来协调通畅任督二脉，实现水火既济、阴阳调和的特殊运动方法。因充分调动任脉、督脉和带脉上 50 余穴，可以说是动作最为复杂、所涉腧穴最多的一节。主要配合穴位包括尾闾与大椎、劳宫与中渎、承浆与大敦等诸穴。

（二）功理与作用

1. 通过刺激背部的督脉和膀胱经，有助于提升阳气，通经泄热，平衡阴阳，畅通任督二脉，调理脏腑，滋阴补肾。通过任督二脉抻拔旋挤，引导心火下行，使肾水上济，可有效平衡阴阳，达到水火既济目的。

2. 活动脊柱和锻炼腰背。摇头摆尾是一个头尾双向回旋动作，通过脊柱的回环旋转和头尾的牵拉转动，抻拉放松脊柱穴位，有很好的保健作用，同时能预防颈椎病、缓解腰痛。

3. 按摩腹腔脏器：摆尾间配合大椎摇动，对任督二脉进行刺激，同时双向旋摆作用于内脏器官，起到按摩疏通作用，可促进消化和吸收，改善消化不良、便秘等消化系统问题。

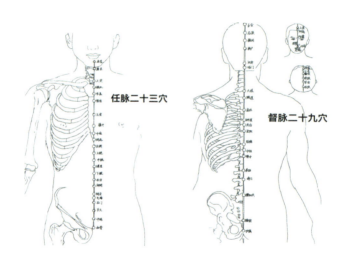

第七节　两手攀足固肾腰

八段锦两手攀足固肾腰动作强调抻筋拔骨，重点锻炼腰背及膀胱经、肾经以达到调和阴阳、血气畅通的锻炼效果。由摇头摆尾过渡到两手攀足时，要求衔接自然，转承有序。通过调动全身肌肉，抻拔腰背及腿后肌群，两手在后背及腿后温煦按摩足太阳膀胱经腰部三焦俞、肾俞、气海俞、大肠俞、八髎穴等来强壮腰肾、补益下焦、固精培元，提升肾气达到还精补脑的功效。腰腹部经络张弛交替，起到调和经气、平衡阴阳的作用，尤其对任督两脉及其经气调整作用显著。

主要锻炼和刺激的腧穴有肾经上涌泉、大赫、气穴、四满、阴谷等穴位，可健脾益气、温阳散寒、滋补肾气。抻拉摩运腰背部命门穴、腰阳关穴、肾俞穴，以及腿部委中穴、委阳穴，脚部至阴穴、足通谷穴等，滋补肾经和膀胱经。

（一）动作分解

本势动作由过渡动作两臂上举、下按、前伸后，经腋下反穿、摩运、攀足，以意念调动丹田内气贯通上下，再从足底涌泉穴引气入腹，达到引火归原、濡养肾气之效。

动作1

吸气。接前一式"摇头摆尾去心火"扶按桩，移重心向左，右脚收回成开步站立，肩井与涌泉呼应；两掌从两侧上举，向上至肩高时外旋翻转掌心，内劳宫朝上。随之两臂上举，两掌心内劳宫穴相对。目视前方。

动作 2

呼气。两掌下按。身体重心缓慢下降，两腿膝关节弯曲松委中；同时，两臂屈肘，两掌经面前下按至小腹丹田处，掌心内劳宫朝下，中冲向前。目视前方。

动作 2

动作 3

吸气上举。两手收到腰间，向前向上举至头上方，上身立起，两掌间距约与肩宽，两掌劳宫斜对百会穴，两指中冲向上充分伸展。目视前方。

动作 3

動作 4

呼气下落。两臂外旋，掌心内劳宫穴相对，两掌随屈肘经面前向下按，至胸前胸前膻中穴约一拳处，内劳宫穴朝下，两指中冲相对；肘尖小海穴外引，展胸抻拉膻中穴。目视前方。

动作 4

动作 5

反穿。两臂外旋，两掌心劳宫穴向上，掌指内旋经腋下向后反插。目视前方。

动作 5

动作 6

呼气摩运。两掌劳宫穴贴背，沿脊柱两侧向下摩运两侧夹脊穴、脊中、悬枢、命门、腰阳关诸穴至臀部胞盲、秩边、环跳诸穴。目视前方。

动作 6 前视图

动作 6 后视图

动作 7

攀足：上体前俯，挤压腹结、府舍、冲门、大赫、四满诸穴；两掌继续沿腿后向下摩运经足太阳膀胱经上承扶、殷门、浮郄、委阳、委中、合阳、承筋、承山、飞扬至脚踝，再贴两脚外侧移至小脚趾至阴穴处，随之旋腕贴于脚面，掌指朝前，使两手中冲与脚部八风、气端穴意气相合。目视下方。

动作 7 侧视图

动作 7 前视图

动作 8

　　吸气前举。两掌不动，塌腰、翘臀使命门穴关闭；微抬头，后顶、强间、脑户、风府诸穴气息上引；两掌中冲引领，沿地面向前、向上远伸，以臂带动上体上抬，尽量至水平位置，抻拉手阳明大肠经与脊背督脉（竖脊肌）诸穴。目视前下方。

动作 8 前视图

动作 8 侧视图

动作 9

两臂继续向前向上举至头上方，上体立起，两掌间距约与肩宽，内劳宫相对，中冲向上。目视前方。

动作 9

动作10

最后一个动作，身体重心缓慢下降，两腿膝关节弯曲放松委中穴；同时，两臂向前下落，肘稍屈，两掌下按至小腹前，掌心朝下，掌指朝前扶按于环跳穴两侧。目视前方。

动作 10

（二）动作要求

本势动作意在引腰强肾，俯身时意念在脊柱节节放松，使百会、风府、哑门、大椎、陶道、命门、腰阳关以及夹脊诸穴等穴位气血畅通。上体抬起时拉长腰脊，以手带身，手臂引领上抬锻炼腰背。要求腿后要伸直，充分刺激拉伸委中、委阳等诸穴。

（三）错误解析

1. 在重心移动过程中，上体偏斜。

2. 反穿时肩部紧张，导致心肺经络气息阻滞。

3. 前举时身体前倾未能做到手臂带动上体抬起，躬腰弯臂，命门穴敞开。

动作纠正：

1. 保持上体中正，目视前方，重心转换自然。

2. 松肩，使巨骨、肩髃、肩井诸穴所在处充分放松。

3. 拉长腰脊，力在涌泉，身体中正。

二、穴解八段锦

（一）腧穴配伍

通过上下引伸，摩运脾俞、肾俞、腰俞、八髎诸穴位，使络却与涌泉、大椎与尾闾等穴位形成呼应，手指中冲与脚部八风、气端相合，产生显著的锻炼效果。

（二）功理与作用

1. 通过低头，头低肾高的体位，达到降心火、温肾阴的效果。

2. 两手攀足固肾腰动作强调抻拉脊背部与大腿内侧后侧经络，中医理论认为足厥阴肝经、足少阴肾经、足太阴脾经、阴维脉、阴跷脉五条阴经均经过下肢内侧。拉伸双下肢内侧，可起到疏通经脉的作用。同时，大腿的内侧是肝经、肾经重点循行之处，肝藏血、肾藏精，将两腿分开抻拔足太阳膀胱经的委中、委阳诸穴，可补益肝肾，为身体养血蓄精。

抻拉后背及腿后肌群，可充分刺激足太阳膀胱经[10]诸穴。此势动作充分调动全身肌肉，手足相交，头尾呼应络阴阳经脉，是打通全身经络，气血畅行关键所在。

10　《灵枢·经脉·篇十一》：膀胱足太阳之脉，起于目内眦，上额，交巅。其支者，从巅至耳上角。其直者，从巅入络脑，还出别下项，循肩髆内，挟脊抵腰中，入循膂，络肾，属膀胱。其支者，从腰中下夹脊，贯臀，入腘中。其支者，从髆内左右别下贯胛，夹脊内，过髀枢，循髀外后廉下合腘中——以下贯腨内，出外踝之后，循京骨至小指外侧。

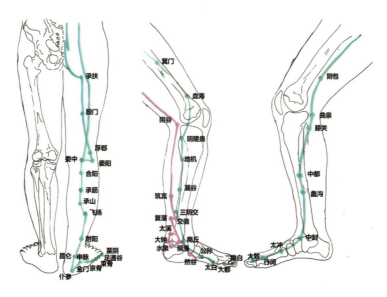

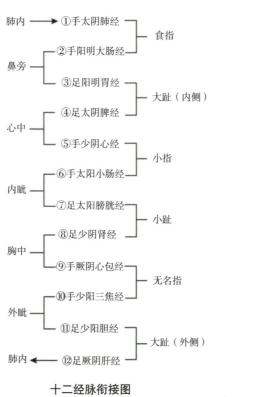

肺内 → ①手太阴肺经 — 食指

鼻旁 — ②手阳明大肠经

③足阳明胃经 — 大趾（内侧）

心中 — ④足太阴脾经

⑤手少阴心经 — 小指

内眦 — ⑥手太阳小肠经

⑦足太阳膀胱经 — 小趾

胸中 — ⑧足少阴肾经

⑨手厥阴心包经 — 无名指

外眦 — ⑩手少阳三焦经

⑪足少阳胆经 — 大趾（外侧）

肺内 ← ⑫足厥阴肝经

十二经脉衔接图

第八节　攒拳怒目增气力

　　八段锦攒拳怒目增气力动作强调怒目瞪眼，脚趾抓地，握固旋腕、拧腰顺肩，使全身力量达于拳面。通过握固冲拳、怒目凝神、马步深蹲可强健肌肉，刺激带脉、肝经，充盈肝血，疏泄肝气，有助于调节肝脏及全身经脉，改善现代人久坐不动带来的诸多问题。

　　主要锻炼和刺激穴位，攒拳怒目增气力摩擦章门穴、期门穴，旋掌挤压大陵、神门、阳池诸穴；锻炼带脉穴，脚踏涌泉刺激脚部八风、气端、至阴等腧穴。同时，马步深蹲可锻炼腿上阴阳经络及所属各腧穴，能有效提高锻炼者的免疫力。

（一）动作分解

动作1

　　吸气。接上式，身体重心右移；左脚向左开步点起点落，刺激大敦穴；脚趾抓地，挤压厉兑、内庭、陷谷、冲阳诸穴。松委中穴，两腿徐缓屈膝下蹲成马步；攒拳握固，挤压刺激二间穴、三间穴、合谷穴；握固双拳收至腰间带脉穴，拳眼朝上。目视前方。

动作1

动作 2

呼气冲拳。低头目视左拳，眼睛跟着左拳向前缓慢冲出，摩擦左肋章门穴、期门穴。拳要握紧，拳眼朝上，眼睛怒目瞪视左拳，凝神内敛；同时，脚趾抓地，刺激脚部八风穴、气端穴。

动作 2

动作 3

攒拳。向右转腰，手臂前伸，肩向前送伸展左臂阴阳诸经络；同时，左臂内旋，左拳变掌前伸引领掌心内劳宫穴朝外，中冲穴朝前；保持髋、膝架构稳定，目视左掌。

动作 3

动作 4

呼气，握固冲拳。中冲引领旋腕，依次向下、向右、向上、向左、再向下旋腕一周，挤压大陵、神门、阳池诸穴；随后大拇指少商穴扣于无名指根，依次收小指至食指握固，拳心朝上；脚趾抓地，刺激脚部八风穴、气端穴；暗劲不断缓缓冲拳，凝神怒目，瞪视左拳。

动作 4

动作 5

吸气收拳。注视左拳跟着低头回收，再次摩擦左肋章门穴、期门穴。拳收至腰间带脉穴，拳眼朝上；同时，脚趾放松；眼睛放松，目视前方。

动作 5

右式动作同左式，唯左右相反。一左一右为 1 遍，共做 3 遍。

（二）动作要求

动作要求：怒目冲拳时动作益缓、暗劲蕴藏徐徐伸出。旋腕以掌根为圆心向外旋转，充分刺激腕部腧穴；旋转至掌心向上时，先将大拇指少商抵住无名指根，然后从食指到小指依次攒起，收敛手少阴心经、手厥阴心包经、手太阴肺经。攒拳时，前臂与肘要贴肋部前送和回收，刺激章门、期门穴。冲拳完成后保持肘关节微曲，忌此时完全伸直。左右冲拳应怒目瞪眼脚趾抓地用意涌泉，送肩冲拳要力达拳面。

十二经井穴表

十二经络 井穴	手太阴肺经	手阳明大肠经	足阳明胃经	足太阴脾经	手少阴心经	手太阳小肠经	足太阳膀胱经	足少阴肾经	手厥阴心包经	手少阳三焦经	足少阳胆经	足厥阴肝经
井穴	少商穴	商阳穴	厉兑穴	隐白穴	少冲穴	少泽穴	至阴穴	涌泉穴	中冲穴	关冲穴	足窍阴穴	大敦穴

（三）错误解析

1. 马步架构不稳，重心过高过偏斜，导致冲拳时上体前俯、耸肩、肘部外翻。

2. 旋腕动作不充分。

3. 冲拳过快，收拳无力。

动作纠正：

1. 应注意后顶虚领，沉肩坠肘，收髋敛臀，中正安舒。马步蹲桩要呼应后顶、会阴进行撮谷道动作。

2. 以腕为轴立圆绕一周，充分挤压大陵、神门、阳池诸穴。

3. 冲拳收拳均要始终使暗劲，缓慢用力且气蕴拳面。

二、穴解八段锦

（一）腧穴配伍

旋腕拧转腕部使挤压大陵与神门、阳池穴相对；左右冲拳自腰间带脉穴摩擦两肋而出，对章门、期门穴进行摩运。脚趾抓地，意在脚部八风穴、气端穴。

（二）功理与作用

1. 怒目冲拳强调脚踏涌泉，瞪视拳眼有疏肝明目、强筋壮骨、解表清热的作用。通过刺激手部三阴、三阳经的原穴和足三阴、三阳经的井穴，加强了肝的藏血、疏泄功能。

2. 摩擦刺激带脉穴可瘦腰，调通气血，温补肝肾，对调理闭经、月经不调、赤白带下、腹痛、疝气、子宫内膜炎、盆腔炎、带状疱疹等都有较好的效果。

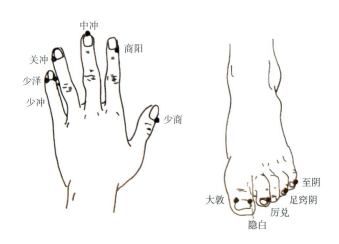

攒拳怒目增气力锻炼的手足原穴

第九节　背后七颠百病消

八段锦背后七颠百病消动作通过震动督脉，锻炼周身经络。其通过提踵、松踝（缓冲）、震地（颠足）三个环节对相关疾病进行调整，也是整套功法进行到最后，对全部功效进行收获的一式动作。"背后七颠百病消"讲究提肛收腹、沉肩悬顶和落跟震动，促进了身形归于中正，经筋充分放松。提踵引领周身气机上升；落地意守涌泉，引领全身气机沉降。在升降之间调整心神，养护经脉。

主要锻炼和刺激后顶穴（或膻中穴），通过后顶（或膻中）用意上领，引气向上。跐脚下震刺激脚部的井穴涌泉穴，以及太白穴、太冲穴、太溪穴、照海穴、昆仑穴、仆参穴、内庭穴，脚趾抓地刺激八风穴、气端穴；手指中冲穴在大腿两侧用意护卫风市穴。

（一）动作分解

接上势攒拳怒目，身体重心右移左脚并步；并步直立两拳变掌收于体侧；两脚跟提起，后顶穴（膻中穴）意气引领向上。两脚跟下落，缓缓落至一半时，放松落下，震动地面。具体分解如下：

动作 1

身体重心右移，收左脚成并步站立；同时，两拳变掌，中冲向下自然垂于体侧。目视前方。

动作 1

动作 2

吸气提踵：立项竖脊，后顶（膻中）领起，沉肩垂肘，提肛收腹，掌指下伸；同时，脚跟提起，刺激承筋穴、承山穴、飞扬穴、跗阳穴、昆仑穴、内踝尖、外踝尖，脚趾抓地刺激至阴穴、八风穴、气端穴；动作略停，使气息在体内充分运转。目视前方。

动作 2

动作 3

呼气颠足：脚跟徐缓下落至一半，然后放松整个身体落下，轻震地面使后背督脉、膀胱经上诸穴得到拉伸和震动刺激；同时，咬牙，沉肩、舒臂，周身放松。目视前方。

动作 3

（二）动作要求

提踵时以后顶穴或膻中穴（血压高锻炼者采用膻中上引）上领，同时要提肛缩阴做撮谷道动作。脚跟下落时呼气，震脚刹那咬牙固肾气，周身放松。初学者尤其注意呼吸自然、用力张弛有道，平衡稳定。当动作熟练且能平稳升降后，要进一步体会提肛、咬牙、撮谷道。

（三）错误解析

1. 提踵时耸肩，肩部紧张，身体重心不稳。

2. 下落颠足时速度过快，用力过大。

动作纠正：

1. 应注意提踵时五趾抓地，两腿并拢，提肛收腹，肩向下沉，立项竖脊，后顶穴（膻中）上领。

2. 应注意向下颠足时先缓缓下落一半，在下落过程中放松督脉，而后轻震地面。

二、穴解八段锦

（一）腧穴配伍

后顶穴（或膻中）上领，脚趾微抓地，后顶穴配合涌泉穴升清降浊。颠足震荡使任脉与督脉上前后对应诸穴得到有效刺激与放松。

（二）功理与作用

背后七颠提踵时通过后顶穴或膻中穴引气上领，促进任、督二脉意气提升后充分放松震动，达到张弛平衡的锻炼效果。通过肢体导引，呼吸吐纳之间实现"升清降浊"。高提踵升重心，全身的重量压在脚趾井穴上有效刺激足少阴肾经和足少阳胆经。

第三章 疗病怡神 肢柔体健

本章结合八段锦各势动作具体功效和意蕴所指经络与腧穴，对高血压、糖尿病、脾胃虚弱、咳嗽气喘等常见问题进行有针对性的细化练习。通过辨证论治，以整体观念为指导，对八段锦各势动作进行强化练习，为读者有针性的对症习练、改善脏腑功能、疏通经络气血、和畅情志、协调精气神提供具体的方法和手段。

第一节 高血压患者怎样习练八段锦

八段锦功法将呼吸吐纳与经络抻拔深入结合，讲究动作中正安舒，自然松静。锻炼者精、气、神可在自然轻松的状态下得到有效提升，对高血压这类因气机失调或受情志影响而发生的疾病有很好的调整作用。如抱球桩这一势动作，对习练者的血压有较好的双向调节效果。

中医认为高血压主要起自脾胃虚弱、气血耗损、饮食不节、情志失调、年老体虚等原因。病机为风、痰、火三者作用于肝肾，导致气机逆乱和阴阳失调。长期的负面情绪如忧郁、思虑、愤怒等积累，也会导致肝气郁结，气郁化火，耗伤肝阴，最终导致高血压。血瘀和寒邪等也会引起血压升高。根据具体表现，要区分肝阳亢盛型、肝肾阴虚型、阴虚阳亢型、痰浊内盛型、瘀血阻络型等类型进行针对练习。

八段锦是养生手段，并不能代替医疗，所以高血压患者习练八段锦时，首先应及时就医，遵循医嘱，在医生治疗基础上，配合导引调节血压。

一、习练方法

高血压患者习练八段锦，要注意对血压的监测，保持身体中正、呼吸徐缓。轻度高血压可采取自然站立的方式，严重患者则需以卧位或坐位进行练习。

练习过程要全身放松，动作舒展，呼吸讲究匀、缓、轻、绵。可重复进行抱球桩、左右开弓似射雕、五劳七伤往后瞧、摇头摆尾去心火、两手攀足固肾腰和背后七颠百病消等各势练习，导引时强调对目标腧穴的用意用气。

肝阳亢盛型高血压多习练抱球桩、两手攀足固肾腰和背后七颠百病消的动作，可有效刺激太冲、风池诸穴来清肝降压，缓解头晕耳鸣、面红目赤、烦躁易怒，大便干燥等症状。要注意两攀足动作中摩运攀足和引臂伸腰动作幅度要根据自身血压状况调整，血压较高时尤其不要强求幅度过大。

肝肾阴虚型多练左右开弓似射雕、摇头摆尾去心火和背后七颠百病消各势，可锻炼曲池穴、太冲穴、太溪穴等目标腧穴，有滋阴益肾的功效，缓解头痛和眩晕、失眠和多梦、心悸胸闷及腰膝酸软症状。对情绪波动也有很好的效果。要注意摇头摆尾动作低头降心火时要根据自身血压状况调整，血压较高时低头动作不可有过大幅度。

阴虚阳亢型高血压可习练抱球桩、左右开弓、摇头摆尾和背后七颠的动作，可有效刺激曲池穴、合谷穴、太冲穴及三阴交穴等腧穴，对眼睛干涩、口干、耳鸣、失眠等症有效，可滋阴潜阳，调和经络气血。

痰浊内盛型高血压常与脾胃虚弱、痰湿内生有关，由于饮食不节、缺乏运动等因素导致头晕、恶心、呕吐、胸闷、食欲不振等，通过两手托天理三焦、调理脾胃须单举等可以有效健脾祛湿、化痰降浊。主要刺激手足三阴三阳经以升清降浊，调理全身气血畅行。

瘀血阻络型高血压与长期情志不畅或外伤后血瘀有关，也有一些与因为年龄增长所致的血管弹性下降等因素有关。症状表现为头痛、胸闷、心悸、舌质紫暗或有瘀斑等。此类高血压者可多习练两手托天理三焦、攒拳怒目增气力、五劳七伤向后瞧等势，充分抻拔肝胆经，注意刺激血海穴、膈俞穴、合谷穴、太冲穴等腧穴。

解压八段锦

二、腧穴用意及功效

高血压者习练八段锦，主要用意刺激的穴位有百会、风池、太冲、大椎、天柱、涌泉等。

风池穴属于足少阳胆经。胆经贯穿全身上下，上至头面部，中到肩胸肚腹，下至足部。风池穴位于项后枕骨之下，胸锁乳突肌上端与斜方肌上端之间的凹陷中，作用为平肝息风、祛风散毒，主治中风、癫痫、头痛、眩晕、颈项强痛等，尤其对高血压防治有较好效果。八段锦第五势"摇头摆尾去心火"在摇头、旋颈的过程中对风驰穴的抻拉、挤压，有益于经络的疏通。

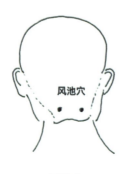

风池穴

肝和人的情绪紧密相连，肝经出现问题，人的情绪就会烦躁、低落，与之相联的脏器功能就不能得到很好的发挥。太冲穴属足厥阴肝经，位于足背第一、第二跖骨间，跖骨底结合部前方凹陷中。其作用是平肝泄热、疏肝养血、清利下焦，主治失眠、头痛、腰痛等症状。现代中医研究，按压太冲穴对高血压有比较明显的疗效。八段锦抱球桩、两手托天理三焦、攒拳怒目增气力、两手攀足固肾腰、背后七颠百病消等动作都强调下肢动作，以暗劲下压，意气相随，集中于太冲穴。长期练习这些动作，有很好的平稳血压作用。

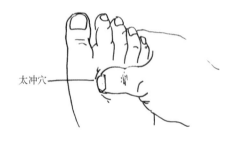

太冲穴

中医认为心肝火旺和肝肾阴虚都会导致血压的波动，八段锦起势抱球桩讲究圆肩拔背，沉肩坠肘，松腕舒指。通过百会穴上颌、尾闾穴内收开命门的动作，松放督脉，可松解肩颈斜方肌、胸锁乳突肌等"情绪肌肉"。沉肩强调意气聚于下焦，松腕舒指则有意识地放松手部循行三阴三阳六条经络，使心经、肺经、心胞经充分放松，可有效治疗由紧张所导致的血压波动。

此外，第八势"背后七颠百病消"的踮脚动作有助于促进肢端血液循环，潜阳防中风。提踵时，有效刺激独阴穴、涌泉穴；脚跟下落时，配合意念将心火下引至涌泉。踮脚震足跟对祛除湿气有效，在一起一落颠动过程中刺激相关腧穴，平衡任督二脉的气血运行，缓解高血压的症状。

三、加味练习

1. 搓手温熙睛明穴。

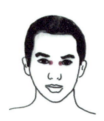

睛明穴

动作：将手掌互相擦热，轻轻放在双眼上，眼球顺时针和逆时针运转。

功效：清肝明目，消除疲劳。

2. 鸣天鼓。

道家养生 ——鸣天鼓[11]

动作：手指呈爪形，由前发际线向后至风池梳理头部。

功效：疏通经络，行气活血。

3. 升清降浊点百会。

动作：点按头顶正中处的百会穴，轻摩百会穴。

11　源自《道家修真图》，藏于东京艺术大学附属图书馆。画卷描绘道家修真养生功法，包括二十四节气导引术和坐式八段锦。

功效：醒脑开窍，升清降浊。

4.敲肝胆经。

动作：沿大腿外侧和内侧进行敲打或揉按。

功效：调节肝胆功能。

四、注意事项

高血压人群在习练八段锦的时候和普通人是有一定的差别的。需要习练者加强血压监控，血压过高时不应进行过多运动。同时练习时注意个性化调整。如：在抱球桩的时候，可以将抱球桩手位放在中下焦的位置，而不要抱在中上焦，即抱球时双手不要高于膻中穴以上，避免心经、肺经和心包经紧张，导致血压升高。摇头摆尾的动作，有摇头降心火，向下低头至腰部，以求心肾相交"水火既济"、降心火升肾水之意，血压高时可适当减小摇头、低头的幅度。做两手攀足固肾腰动作的时候，不必强求中冲与脚上八风、四端诸穴的重叠。重要的是保持腿部伸直，拉伸腿后膀胱经，双手摩运按压胆经、膀胱经时位置可高可低，因人而异，不必强求一定到达内外踝尖穴位置。

第二节 糖尿病患者怎样习练八段锦

中医认为糖尿病是阴液耗损或阴盛阳虚所致。具体的病因包括先天禀赋不足、五脏柔弱、脾胃运化失职、肾虚等。过食肥甘厚味或焦虑、劳欲过度等也是诱发糖尿病的重要因素，要根据不同阶段的病机特点进行辨证施治。《黄帝内经》认为，"二阳结、谓之消"[12]，并提出"五脏皆柔弱者，善病消瘅"，以及"胃热则消谷，消谷故善饥"的道理。传统中医理论将糖尿病称为"消渴"，并有"消瘅""肺消""鬲消"等多个名称。我国传统导引养生法中，

---

12 《素问·阴阳别论篇》"二阳结，谓之消"，认为邪气郁结于二阳（足阳明胃经、手阳明大肠经），则肠胃俱热，多为消渴之症。

早已有专门针对糖尿病的症状进行调整的方法。《养生导引法》中《消渴门》[13]讲："赤松子云：卧，闭目不息十二通，治饮食不消。""法：解衣卧，伸腰少腹，五息止。引肾，去消渴，利阴阳。"同时提出要通过适当走步方法"先行一百二十步，多者千步"缓解症状。古人以导引治疗消渴症，主要为意念引导配合呼吸吐纳和适度运动，也为习练八段锦调整糖尿病提供了理论依据。

一、八段锦习练方法

针对糖尿病常见的"热证"和"虚证"，要分别采用清肺胃之热、泻火生津、清热益气、滋阴生津等不同练习方法。专门进行第一势两手托天理三焦、第二势左右开弓似射雕可针对肺胃热证进行导引。第五势摇头摆尾去心火和第八势背后七颠百病消，则有助于清热益气、滋阴生津。讲究练习时通过柔和圆顺、中正安舒的动作习练来控制血糖，也可完成八段锦全套动作，控制高血糖问题。

二、腧穴用意及功效

第一势两手托天理三焦、第二势左右开弓似射雕刺激阳池穴，有通调三焦、清热润燥、通络止痛的作用，常用于治疗口干症状。同时阳池穴能清肺益胃润燥，可以用于缓解治疗糖尿病的燥热。八段锦第二势"左右开弓似射雕"，射箭手为向外舒放之掌，要求八字掌大小鱼际互相内合，对向用力用意，使内劳宫穴外撑采气。食指向上向小臂方向挑起，配合大小鱼际形成阳掌抻

13　《养生导引法》明·胡文焕（1368—1644），是运用道引、按摩方法养生治病的专著。内容主要选录隋代巢元方《诸病源候论》养生导引方。文载：解衣（谈，安静）卧，伸腰填小腹，五息止。引肾，去消渴，利阴阳。解衣者，使无挂碍。卧者，无外想，使气易行。伸腰，使肾无逼遏。大努使气满，填小腹者，即摄腹牵气使五息，即为之。引肾者，引水来咽喉，润上部，去消渴枯槁病。利阴阳者，饶气力。此中数虚要与时节而为避。初食后，大饥时，此二时不得导引，伤人亦避。恶日时节不和时亦避。导已，先行一百二十步，多者千步，然后食之。法不使大冷大热，五味调和。陈秽宿食，虫蝎余残，不得食。少咽着口中，数嚼少端咽。食已，亦勿眠。此名谷，并与气和，即真良药也。

拔，刺激手太阴肺经，清肺热利咽喉，缓解烦渴，尤其对上消证有效，亦即对肺阴不足、肺热引起的多饮症状起效。

糖尿病患者习练八段锦第一势两手托天理三焦、第二势左右开弓似射雕和第八势背后七颠百病消通过沉髋屈膝、颠足、振动，对大敦、隐白、大都、太白、公孙、然谷、关元、足三里、三阴交、涌泉和内庭诸穴进行刺激，从而对平抑血糖有较好的作用。其中，太白穴还可双向调控血糖指数，高者可降，低者可升。

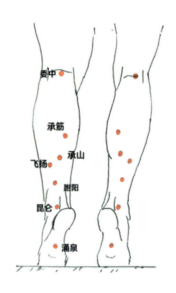

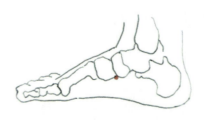

然谷穴

然谷穴与涌泉穴均属足少阴肾经。然谷穴位于足部内侧，足舟骨粗隆下方，赤白肉际处，有清热利湿、益气补肾作用。涌泉穴位于足底。八段锦的左右开弓似射雕、攒拳怒目增气力、摇头摆尾去心火、两手攀足固肾腰都会刺激和锻炼到这两个腧穴，可苏厥开窍、滋阴益肾、平肝息风，是对糖尿病非常有益的运动。

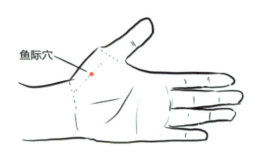

鱼际穴

鱼际穴属手太阴肺经。手太阴肺经有"五脏六腑之华盖"之称，是十二经脉循行的起始经脉。鱼际穴位于第 1 掌骨桡侧中点赤白肉际处，作用是清热利咽，可有效缓解糖尿病热燥之气。

三、加味练习

1. 揉按足三里穴。

动作：用拇指或中指轻轻掐揉 1~2 分钟，每天进行 1~2 次。

功效：调理脾胃，疏通经络，增强免疫力。

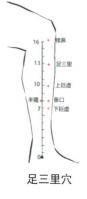

足三里穴

2. 敲三阴交穴。

动作：握拳或五指捏聚轻扣 1~2 分钟，每天进行 1~2 次。

功效：畅通经络，行气活血，疏肝健脾。

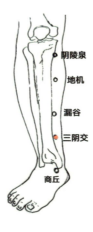

阴陵泉

地机

漏谷

三阴交

商丘

三阴交穴

3. 推带脉。

动作：两手五指并拢，放于两腰，左手放于前右腰处与带脉平行，右手放于后左腰处，左手由右向左贴肉推至左腰处，同时右手由左向右贴肉推至右腰处，推 8 次，然后反方向推 8 次。功效：疏通经络，激活免疫细胞，提高人体免疫功能。

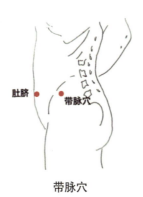

肚脐

带脉穴

带脉穴

四、注意事项

对饮食控糖严格的糖尿病患者，即使是八段锦这样和缓、运动强度不高的导引练习，也要密切监控血糖，避免因为血糖不高，导致运动后低血糖的危险情况发生。

第三节　脾胃虚者怎样习练八段锦

脾胃虚以脾虚为本、邪实为标，病位在胃，涉及肝脾。胃经、脾经、大肠经、肝经、胆经与功能性消化不良关系密切。《黄帝内经》：脾胃为后天之本、脾主涎。脸色发黄、腹泻、便溏、鼻头暗淡、嘴唇干燥、脱皮、无血色、睡觉时会流口水、入睡困难、惊醒、多梦、精神状态不佳都有可能是脾胃虚的表现。当出现这些情况时，可以通过八段锦的抱球桩、两手托天理三焦、调理脾胃须单举、两手攀足固肾腰等来调理。

一、八段锦习练方法

八段锦动作中有一势专门针对脾胃虚弱失调而演练的动作——调理脾胃须单举。此势动作通过手、足对向升降举踏，牵动足厥阴肝经、足少阳胆经、足太阴脾经、足阳明胃经等经络来刺激腧穴，有助于脾胃的消化吸收和气机疏泻。

从经络循行来看，足阳明胃经"属胃、络脾"，与胃直接相连，是调节功能性消化不良最直接的经络。调理脾胃须单举时强调下肢升降蹬伸，直接锻炼胃经循行所经的厉兑、内庭、陷谷、丰隆、足三里、犊鼻等胃经要穴，可和胃健脾。同样，上撑下按的动作，也对与胃经相表里的足太阴脾经进行了很好的锻炼。脾经上的隐白穴、三阴交穴、阴陵泉穴、血海穴、大横穴、周荣穴、大包穴均可得到有效抻拉，增强消化功能。这个动作锻炼了足厥阴肝经，肝经"夹胃，属肝，络胆"，这些经络运行的气血可相互贯通。肝胆相邻，胆经与肝经互为表里经，肝的疏泄功能正常，则胆汁排泄畅达，脾胃运化功能也能健旺。

二、腧穴用意及功效

抱球桩、两手托天理三焦、调理脾胃须单举、背后七颠百病消、两手攀足固肾腰几势动作的作用主要集中于调理脾胃的中脘、天枢、脾俞、太白、公孙等穴位，有升清降浊、和胃健脾的效果。

调理脾胃须单举，通过两手上下抻拔、腿部蹬升动作，刺激中脘穴、天枢穴。中脘穴位于上腹部前正中线上，脐上4寸，有和胃健脾、降逆利水的功效。抻拔此穴周围肌肉对改善胃痛、胃胀、呕吐、腹胀、腹泻、腹痛、肠鸣、吞酸、食欲不振等症状均有明显效果。天枢穴位于腹部横平脐中，前正中线旁开2寸，可疏调脏腑、理气行滞，对改善便秘、腹泻、肠胃功能紊乱等有效。

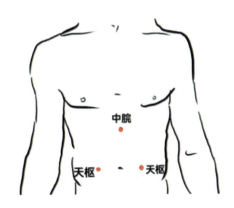

单举锻炼腧穴：中脘、天枢

背后七颠百病消、两手攀足固肾腰均对脾俞穴产生有效刺激。脾俞穴位于背部第11胸椎棘突下旁开1.5寸处，有健脾和胃、利湿升清之效。对消化不良、食欲不振、湿浊消散等有效。两手攀足固肾腰刺激太白穴，能够调节气血功能，健脾补脾，治疗胃痛、腹胀、肠鸣、泄泻、便秘、消化不良、脚气病等病症。

三、加味练习

1. 托天理三焦。

练习方法：道家八段锦两手托天理三焦有加味练习，在上举同时还可提踵，刺激公孙穴、隐白穴、商丘穴等腧穴。

功效：健脾益胃、通调经脉，可治疗腹胀、便血、胃痛、呕吐、腹痛、泄泻、痢疾等症状。

2. 掌揉中脘穴。

一手掌心或掌根贴脐部，另一手按手背，注意始终紧贴皮肤，以一个方向揉按 5～10 分钟。手掌要紧贴中脘以带动皮下脂肪和肌肉，旋揉至皮肤有热感为宜。

功效：和胃健脾、降逆利水，对调理胃痛、腹痛、腹胀、积食不化、泄泻、便秘、胃炎有效。

四、注意事项

加味练习的动作虽有助于疏通胃经，但如果有严重的健康问题，建议咨询专业医生。尤其是脾胃有严重的问题，要进行揉按等操作时，需要医生辨证谨慎进行，避免造成身体伤害、损伤健康。

第四节　咳嗽者怎样习练八段锦

咳嗽是呼吸道疾病常见症状。天气变化、季节更替、剧烈运动乃至情绪波动、身体虚弱、疲劳都有可能表现为咳嗽。中医认为咳嗽有外感、内伤两大类。外感咳嗽由风寒、风热、风燥所致；内伤咳嗽则为痰湿蕴肺、痰热郁肺、肝火犯肺、肺阴亏虚所致。西医研究表明，当呼吸道黏膜受到病毒、细菌等攻击后，黏膜一般要 1 ~ 3 周才能自行修复，因此有的时候咳嗽症状会持续很久，给人们带来很大烦恼。咳嗽在临床上也非常常见，据统计呼吸科患者中有 30%~40% 都是以咳嗽为首发症状而就诊的病人。但是咳嗽本质上是具有防护作用的条件反射，所以即使是西医，也不赞成盲目的在咳嗽初起时用药控制。此时，针对咳嗽症状，溯本究源采用八段锦导引动作，可以有针对性地抑制咳嗽来调整状态并减轻症状，是既治标又治本的锻炼手段。

一、八段锦练习动作

根据咳嗽不同症状，可采用八段锦中的左右开弓似射雕、五劳七伤向后瞧、摇头摆尾去心火、背后七颠百病消，分别针对肝火犯肺、痰热郁肺的咳嗽进行导引，也可将这几势动作组合，对咳嗽症状进行调理，分别进行降心火、通利三焦等锻炼。

左右开弓似射雕、摇头摆尾去心火等动作强调上下肢运动与呼吸配合，能达到调理肺脏的效果，从而辅助治疗寒邪侵肺引起的咳嗽。左右开弓吸气时双臂手腕在胸前膻中处搭腕交叉，呼气时做推掌状推出，拉伸手上经络，刺激列缺穴、太渊穴；舒胸展体能有效刺激天突穴、中府穴，可调节肺气的宣发和肃降功能；刺激后背肺俞穴等腧穴，有助于疏解肺经的邪气，以增强肺的呼吸功能，辅助治疗风寒咳嗽。马步蹲桩无论是端正的正向马步，还是左右转换的偏马步，都强调下盘稳定、气沉丹田、缩阴提肛以稳固中心、增强元气，配合呼吸吐纳，引导体内气息的运行，促进气血的流通，有助于改善肺部的血液循环。

左右开弓似射雕对肺热或肺部功能不调引起的咳嗽也有一定的作用。另外，五劳七伤向后瞧、背后七颠百病消，分别针对肝火犯肺、痰热郁肺的咳嗽有效。

五劳七伤向后瞧强调拧转手臂阴阳经络，所刺激的少商穴能清肺泻火，驱邪外出，治疗肺热咳嗽；鱼际穴对向旋拧可宣肺清热，治疗热邪壅肺，能清泻虚热、滋补肺阴；尺泽穴则对风热、痰热、虚热等肺气失宣诸症有效；合谷穴清泻阳明郁热、调补肺气、和胃降气、通腑泄热，对肺热各证皆有舒缓作用。

背后七颠百病消这一动作主要通过颠足的方式，刺激身体的经络和脏腑，从而达到治疗咳嗽的效果。颠足可以刺激到脚趾上的多个经络起始点，如脾经、肝经、胃经等，这些经络与身体的脏腑功能密切相关。通过这种震动刺激，对涌泉穴、水泉穴、然谷穴进行刺激。颠足的动作震动脊柱和大脑，可以作用于中枢神经，有助于缓解因咳嗽引起的呼吸道肌肉紧张。背后七颠百病消的动作还能通过刺激督脉等经络，调节身体的阴阳平衡。阴阳平衡是身体健康的基础，因而这势动作对于咳嗽等呼吸道疾病也有一定的缓解作用。

若咳嗽症状较重，建议及时就医，采取专业的针灸和药物治疗。

第五节　年老体虚者如何习练八段锦

老年人体弱者，身体各项机能退化明显，在年轻时能够做到的动作，年龄大后受体能及功能限制，有的做不到，有的则做了容易受伤，发生危险。八段锦的动作柔和连贯，成套动作舒张华美，单个动作简洁易学但又有明显的锻炼效果，能有效保持老人的良好心理状态，也能有效减缓脏腑各项功能退化的速度。

《黄帝内经》载：五十岁，肝气始衰，肝叶始薄，胆汁始减，目始不明。六十岁，心气始衰，善忧悲，血气懈惰，故好卧。七十岁，脾气虚，皮肤枯。八十岁，肺气衰，魄离，故言善误。九十岁，肾气焦，四脏经脉空虚。百岁，五脏皆虚，神气皆去，形骸独居而终矣。七十岁以后，脾虚肺衰魄离，五脏虚神气不足，此时就需要通过健脾、养肺来养护身心。八段锦中两手托天理三焦、调理脾胃须单举、左右开弓似射雕都是年长者适宜的范势。

有很多长寿老人习练八段锦，如我国知名翻译家杨绛，百岁时仍坚持在每天上午习练八段锦。我国另一位著名的长寿老人张学良，也是八段锦的爱好者，每日清晨都会习练一套八段锦。这些著名的长寿老人，多达观喜动，习练八段锦既保持了身体的健康，也陶冶了性情，是非常健康的生活方式，值得我们学习。

老年人习练八段锦，不以动作标准为目的，不拘站立、坐卧，都可因势利导，更多应注重八段锦所强调的"中正安舒、自然畅达"。强调心神安宁、松静自然、情致舒放、怡情悦性为上，以贴合老人生理、心理特点。

老年八段锦不拘形式，怡心悦性。

注意事项：

老年人在习练八段锦前，首先要充分了解自身健康状况。可在开始练习前，进行全面健康检查，了解自身状况。根据个人情况，在医生或专业人员指导下，选择适合自己的动作与锻炼形式。要注意练习时间与地点，可选在清晨或傍晚空气清新、温度适宜、环境优美、地势平坦开阔的户外，也可以在室内练习，但要避免在潮湿、寒冷或污染严重的环境下练习。

　　练习时应穿着宽松、舒适的服装，着软底、防滑的鞋子，防止摔倒。练习前应适当进行热身活动，如转头挤压大椎穴，转腰部，伸展四肢，活动关节。

老年八段锦

　　注重呼吸配合，动作与呼吸协调，练习时应保持自然呼吸，尽量做到深长细匀，呼吸与动作的节奏相吻合。通过呼吸的调节，更好地引导气血运行，增强练习效果。动作要循序渐进，从易到难，从慢到快，逐步增加练习难度和强度。八段锦的养生效果需要长期坚持才能显现，应持之以恒，通过练习八段锦，不仅可以达到强身健体的目的，还能陶冶情操，缓解压力，提高生活质量。

第四章　应时而动 四季养生

八段锦练习要根据四季气机变化特点，应时而动，达到导气令和、引体令柔的目的。本章就四季变化和人体经络运转、脏腑运化的特点，结合传统中医四季养生理论，具体针对春养肝、夏养心、秋养肺、冬养肾的要求进行八段锦的动作习练，为锻炼者顺应季节变化调节身心，有针对性地导引养生提供参考。

第一节　春　生

春季是万物复苏、生长的季节，象征着生命力和活力。传统中医理论中，春季与肝相应。肝主疏泄，调节情志，春季应保持心情愉悦，以顺应肝气生发疏泄。此季人体新陈代谢活跃，应注意调节饮食作息，避免晚睡早起，适当进行户外活动，以舒畅情志。

春生

《黄帝内经》："春三月，此谓发陈。天地俱生，万物以荣，夜卧早起，广步于庭，被发缓形，以使志生，生而勿杀，予而勿夺，赏而勿罚，此春气之应，养生之道也；逆之则伤肝，夏为寒变，奉长者少。"春季是养肝生阳的好时机，此时可习练八段锦无极桩、抱球桩。同时，八段锦的两手托天理三焦、左右开弓似射雕和攒拳怒目增气力等势，主要的动作就是舒展拉伸、柔筋健骨、生发肝经，非常符合春天养肝的需要。拉伸可有效疏通肝气。黄帝内经说春夏养阳，春养肝，动能生阳。活动起来以后能够让人体的阳气生长，因此春天练习八段锦两手托天理三焦、左右开弓似射雕、攒拳怒目增气力等各势是非常合适的。

注意事项：

按五行学说，春属木，与肝相应，因肝为刚脏，喜调达，有疏泄的功能。木有生发的特性，故肝也属木。肝在志为怒，恶抑郁而喜调达，所以春季的时候要调节情志，力戒暴怒，更忌忧郁，做到心胸开阔，乐观向上，配合肝气生发疏泄，通过适当的活动保持心情的愉悦平和。

第二节　夏　长

夏季是阳气最盛的季节，也是养心的关键时期。《黄帝内经》："夏三月，此谓蕃秀。天地气交，万物华实，夜卧早起，无厌于日，使志勿怒，使华英成秀，使气得泄，若所爱在外，此夏气之应，养长之道也；逆之则伤心，秋为痎疟，奉收者少，冬至重病。"说明夏季涵养心经可为秋冬奠定良好的身体基础。

在三伏天习练两手托天理三焦、调理脾胃须单举、五劳七伤往后瞧来祛湿降火，对心经、心包经进行调理，进而调身、调息、调神，达到形神和谐的状态。

夏长

　　夏季是万物繁茂秀美的时节。天气沉降，地气升腾，天地之气相互交融，适合养生采气，采取理三焦、单举、往后瞧的内容来宣泄气机，使全身经络气血通畅自如，情志饱满才是适应夏季的气候，保护长养之气的方法。如果违背了夏长之气，太阳之气就不能生长，阳气不足，到秋冬就会引发心气衰竭。

　　《遵生八笺》中则专门记载有处暑七月中导引坐功："每日丑寅（1点到5点）时正坐，转头左右举引，就反两手捶背各五七度，叩齿，吐纳咽液。"与八段锦的两手托天理三焦、调理脾胃须单举和五劳七伤往后瞧所锻炼的经络与腧穴一致，都对心经、心包经所络内关、大陵、劳宫等穴有良好的抻拉刺激作用。

　　注意事项：

　　夏季锻炼要注意预防暑气。同时，天气炎热时空调、冰箱等使用过度，也易导致风寒侵袭。夏季心火旺盛，应注重养心阳、养心血。此时应晚睡早起，适当午休，保持规律的生活作息。

第三节　秋　收

　　秋养肺。《黄帝内经》："秋三月，此谓容平。天气以急，地气以明，早卧早起，与鸡俱兴，使志安宁，以缓秋刑，收敛神气，使秋气平，无外其志，使肺气清，此秋气之应，养收之道也；逆之则伤肺，冬为飧泄，奉藏者少。"

秋季天气渐凉，人体新陈代谢相对减缓，练习八段锦可以促进血液循环，增强身体的抵抗力。通过八段锦一系列的伸展和收缩动作，能够刺激经络，调和气血，帮助身体更好地适应季节变化，预防感冒和其他季节性疾病。秋燥时节，肺作为弱脏，需要通过扩展胸廓强肺气，抒情志，促进心肺经气畅通。

秋季是一个情绪易波动较大的时期，人们容易感到忧郁或焦虑。八段锦的练习有助于放松心情，缓解压力。通过凝神聚意，缓慢而有节奏的动作，配合呼吸吐纳，可以有效减轻心理压力，调节情绪。到了秋季霜降之后，由于昼夜温差变化大，体内阳气更容易受损，我们可以通过练习八段锦两手托天理三焦、攒拳怒目增气力和摇头摆尾去心火来升阳导阴，充盈体内阳气，达到固卫体表、抵御外寒的作用。

秋收

注意事项：

秋候肃杀，处于阳消阴长的过渡阶段，气候寒热多变，稍有不慎容易招致风邪，干扰气血运转。许多旧病在秋季也容易复发，因此也有人把它叫作多事之秋。从脏相来说，肺与秋季相应，属金，主呼吸，肺气虚弱者对天气的变化特别敏感，所以这一季节应涵养心经、肺经，锻炼的同时注意调节精神。

第四节 冬 藏

冬养肾。《黄帝内经》："冬三月，此谓闭藏。水冰地坼，勿扰乎阳，早卧晚起，必待日光，使志若伏若匿，若有私意，若已有得，去寒就温，无泄皮肤，使气亟夺。此冬气之应，养藏之道也；逆之则伤肾，春为痿厥，奉生者少。"冬天气温寒冷，人体活力下降，经络气血易凝滞阻塞，脏腹易受寒邪入侵。练习八段锦在冬季有很好的养生效果，可提升免疫力、调节内分泌、增强心肺功能，既能缓解疲劳、改善睡眠，又能提高身体柔韧性、促进血液循环从而促进身体健康。

冬季不宜剧烈运动，八段锦作为一种柔和的健身方式，适合在冬季练习，既能助眠养生，又能舒缓压力。此时，可习练八段锦全套功法提升整体运动强度，也可以专门选择摇头摆尾、背后七颠和两手攀足等势来驱邪避寒、滋阴养肾。

冬藏

摇头摆尾去心火动作可以刺激大椎穴和肾水上升，疏经泄热，去除心火；"两手攀足固肾腰"动作通过前屈后伸刺激脊柱和命门穴，对泌尿生殖系统有调节作用，适合冬季养生。

背后七颠百病消采取自然站立姿势，两脚跟提起，后顶穴或膻中穴引领向上，五趾抓地，以前脚掌支撑身体，稍停，两脚跟下落，轻震地面。提脚跟时吸气撮谷道，落地时呼气全身放松。此势动作可以按摩五脏六腑，下落振荡导致全身的抖动，可锻炼膀胱经、肾经。

两手攀足固肾腰强调摩运时两膝挺直，上举时两臂前引直至完全站直。这个动作可以按摩腰背下肢后方，使人体的督脉和足太阳膀胱经得到拉伸牵扯，对生殖系统、泌尿系统以及腰背部的肌肉都有调理作用。

《诸病源候论》："冬时严寒，万类深藏，君子固密，则不伤于寒。夫触冒之者，乃为伤寒耳。其伤于四时之气，皆能为病，而以伤寒为毒者，以其最为杀厉之气也。即病者，为伤寒；不即病者，其寒毒藏于肌骨中；至春变为温病；夏变为暑病。"冬季养肾可避免春夏时节身体受冬季潜藏的寒邪连累，也为春生夏长做好充分准备。

注意事项：

冬季水寒成冰，在习练八段锦时还须特别注意不要扰乱体内的阳气，可练抱球桩使思想情绪平静伏藏。练习动作要注意环境温暖躲避寒冷，忌出汗而令阳气耗损。适度运动保持温暖才是适应冬季的气候而保养人体闭藏之气的方法。如果违背了这些原则，就会损伤肾脏，使得供给春生之气的能力减弱。

第五章　千年智慧 中正安舒

　　八段锦作为传统导引养生重要内容，是历史悠久的文化之宝，其所依托的思想基础是千年来中华民族生生不息、自然和谐的内生动力，强调天人合一、立身中正、安舒自然、阴阳平衡。

　　早在禹夏殷商时期，中华民族的祖先在祭祀、舞蹈时已有通天地鬼神、沟通宇宙的思想雏形，将其具象为祭祀玉人、龙形图腾。可以说中国传统导引养生在此时就产生了天地人和、守中内省的哲学基础。在千年发展历史中，医、武、佛、道各家的哲学思想和生命观念都对其产生了深刻影响。中华传统文化中的"阴阳平衡""意气相随""中定内敛""圆融无碍""天人合一"等养生理念为这一优秀民族传统文化注入了丰富意蕴与内涵。其丰富的中医、佛教、道教包括儒家天地人和、自然旷达的理论内涵，也是八段锦与西方现代健身方法手段形式截然不同、锻炼效果显著的理论基础，是独具特色的中华文化。

　　可以说，八段锦这一优秀民族传统健身方法蕴藏着千年智慧和博大深邃的中华传统文化基因。对其医、武、儒、释文化内蕴进行历史溯源，可以看到中华民族朴素的生命观、深邃的哲学观、旷达的生命观和通融和谐的天下观。

一、中华民族朴素自然的生命哲学

　　八段锦讲究中正安舒，培养浩然正气。动作强调抱朴守一，自然和谐、沟通天地，阴阳平衡以达天人合一的思想境界。朴素自然的养生理念，映射出中华文化千年发展历史发展中，古人通过对天地宇宙与自然万物的观察思考所建立起朴素自然的生命观、系统观。

远古时期中华民族的先民就产生对龙的崇拜，是希望通过龙图腾沟通天地，保佑万物，以达到天人合一的目的，而天人合一正是八段锦千年养生文化的精髓。如左右开弓具体动作中，专门有龙爪的手型。八段锦动作自始至终强调的中正安舒、心神自然之法，正是历代八段锦医、武、佛、道养生家从宇宙自然天地万物中汲取精神力量，为生命注入的浩然正气。

禹夏商周时期的祖先，在观察宇宙天象、自然生物时，深刻思考天地宇宙与自己的关联。《史记·殷本纪》记录殷契母简狄见玄鸟堕其卵取而吞之孕生契的传说。《诗经·商颂·玄鸟》："天命玄鸟，降而生商"传颂的也是这个故事。《周易》："保合太和，乃利贞"，将宇宙视为和合相生的整体。"太和"是中传统文化中的最高政治理想。自然、守正、顺应天道的生命观、宇宙观在中华优秀传统文化中有丰富表达，深刻影响了八段锦的观念体系和动作凝炼。八段锦强调天人合一的理念，集中体现了对整个宇宙以及人与宇宙万物关系的根本看法。它的养生方法注重道法自然、生生不息，通过简洁经典、高度凝炼的八势动作循环往复，实现习练者整个生命系统平衡和谐的构建。

1985年出土的新石器时代的祭祀用凌家滩玉人，至今5300余年。有站姿，也有蹲姿。人物松弛自然，姿态中正安舒。《黄帝内经》：余闻上古有真人者，提挈天地，把握阴阳，呼吸精气，独立守神，肌肉若一，故能寿敝天地，无有终时，此其道生。庄子《外篇·至乐》：死生为昼夜。在中华民族祖先的观念中，生生不息，生死如春来秋往，昼夜更替，正是观照宇宙天地，从大自然领悟到的朴素而深刻的生命观。

二、传统中医阴阳平衡、天人合一思想的影响

八段锦在千年传承过程里，深受传统中医理论的影响。其千年积淀凝聚而成的八势简洁经典的导引动作，讲究整体协调、阴阳平衡、此消彼涨、循环往复。整套功法处处强调"调身、调息、调心"，其功理与功效的理论基础与中医传统理论深度契合。晋人张湛在《养生要集》里提出养生十要，其中即有"啬神、养形、导引"诸法。

1. 中医理论的整体观。

八段锦强调从整体调整人体经络腧穴，如两手托天理三焦，牵拉三焦顶天立地，使人体上中下三焦的脏腑功能得到全方位的调理，促使清气上升，浊气下降，脉道通畅，气血调和。上肢十指交叉托天，下肢十趾用力蹬地，使人体十二经脉的起止点都得到了有效的调理和启动，手上三阴三阳经和足上三阴三阳经也得到了全面的锻炼。

2. 中医理论的阴阳平衡。

八段锦讲究阴阳平衡，动作多讲究左右相应、对向抻拔。凡有阳经启动，必强调阴经舒放，如左右开弓似射雕、摇头摆尾去心火等动作。阴阳学说是中医理论的基础，其认为宇宙间一切事物都可划分为阴阳两类属性，二者既相互对立又相互依存，在一定条件下可以相互转化。传统养生理论认为脏腑功能、气血津液、情志变化等均涵盖于阴阳之中。阴阳平衡是指对立统一的矛盾双方处于一种协调和谐的状态，任何一方偏盛或偏衰都会导致人体生理功能失常。《灵枢·海论》"夫十二经脉者，内属于府藏，外络于支节"，人体的五脏六腑、四肢百骸、五官九窍、皮肉筋骨等组织器官，虽有各自独立的运行规律，但又互相联系、互相配合，进行有机的整体活动，使人体内外、上下、前后、左右构成一个有机的整体，保持协调统一。《黄帝内经·阴阳应象大论篇》：阴阳者，天地之道也，万物之纲纪，变化之父母，生杀之本始，神明之府也。治病必求于本。故积阳为天，积阴为地。阴静阳燥，阳生阴长，

阳杀阴藏，阳化气，阴成形。寒极生热，热极生寒，寒气生浊，热气生清。清气在下，则生飧泄；浊气在上，则生䐜胀。此阴阳反作，病之逆从也。

3. 中医的辨证治疗理论。

八段锦动作名称将中医的辨证施治体现得非常充分。理三焦要两手托天，疏通肝胆心肺要左右开弓，调理脾胃要上下抻拔单举，去心火长肾水以达水火既济之效要通过摇头摆尾等进行针对性的导引锻炼。中华传统的养生理论讲究辨证施治，《素问·至真要大论》"诸湿肿满，皆属于脾"对脾胃病证，应用中医的辨证治疗理论，就需要专门刺激脾经，如第八势背后七颠百病消，要求两脚大趾紧紧抓地，通过刺激大趾末端的井穴、隐白穴等，可激活脾阳之气，使其气旺盛，增强水液运化的功能。

4. 中医理论中的呼吸吐纳。

作为传统养生导引功法，八段锦特别强调动作要配合呼吸吐纳，这一养生观是传统中医呼吸吐纳理论集中体现。《金匮玉函要略[14]·辑义·脏腑经络先后病脉证》："口吐浊气曰吐故，鼻纳清气曰纳新。"《孙真人卫生歌》："心诚意正思虑除，顺理修身去烦恼，春嘘目夏呵心，秋呬冬吹肺肾宁，四季常呼脾化食，三焦嘻出热难停。发宜多梳气宜炼，齿宜数叩津宜咽。"这里的"春嘘夏呵、秋呬冬吹"作为呼吸吐纳具体操作深深影响八段锦的导引术势，如两手托天理三焦、左右开弓似射雕、调理脾胃须单举等动作，都要求用"开吸合呼、升吸降呼"的气息吐纳来配合以达养生效果。

5. 中医理论中的中正安舒。

八段锦动作舒缓大方，讲究中正安舒，心神自然，动作的运动负荷与强度都适度，属有氧运动。与传统中医理论精神内敛、以静养生的思想高度契合。

14　《伤寒论》为东汉张仲景所著汉医经典著作，是一部阐述外感病治疗规律的专著，全书12卷。现今遗存10卷23篇。张仲景原著《伤寒杂病论》在流传的过程中，经后人整理编纂将其中外感热病内容结集为《伤寒论》，另一部分主要论述内科杂病，名为《金匮要略方论》。

《黄帝中经》曰："静者寿，躁者夭。静而不能养，减寿；躁而能养，延年。然静易御，躁难持，尽慎养之宜者，静亦可养，躁亦可养也。凡重贵势者，虽不中邪，精神内伤，亦多死亡。"《孙真人卫生歌》："心若太费费则劳，形若太劳劳则怯，神若太伤伤则虚，气若太损损则绝。世人欲识卫生道，喜乐有常嗔怒少。"作为传统中医导引养生的八段锦在历代医家的不断提炼中形成了中正安舒、心神自然的养生特点。

三、传统武术意气形观的影响

八段锦动作强调调心、调身、调息。其动作"意气相随"的理念深受武术拳论中的"心为令，气为旗"和"意之所至，气则至焉"等影响。强调动作过程中心意的指向引领内气的流向，即"意到气到""意气相随"。受传统武术深刻影响，八段锦强调动作中意能达则气能达，气能达则意亦能达。导引过程中，意念的集中和深入可以帮助气的流通，从而使动作更加精准和有力。

"气"在导引中指的是贯穿于经络和关节之间的后天之气，类似于中医中的卫气。不仅是元气或先天之炁，也与身体的日常活动和健康状态密切相关。八段锦通过呼吸吐纳引领气血通行，经络畅通。吸则引力推地，呼则导引深层稳定肌的收束力。通过意气相随，以关键腧穴引领，深入帮助人体的气血流通，从而使锻炼效果显著。

例如，左右开弓似射雕功法中的马步动作，汲取了武术站桩功中的练法，能够稳固下盘的气血能量，使人体达到上虚下实的最佳状态，激发肺脏吐故纳新，舒展心经，充盈内气，畅通全身经脉，从而激发潜能，精神振奋，陡增勇猛果敢之气势，强化正气，达到"正气存内，邪不可干"的保健功效。

八段锦中的"意气"作为高度协调和统一的概念，借鉴武术内家修练涉及到意念、气息和身体的协调与统一，讲究"正气生发"。通过正确的练习方法，可以有效地提高身体的灵活性、力量和健康水平。

四、佛教的影响

佛教认为，心识具有特殊的能量和作用。通过修行和觉悟，人们能够发掘自己内在的能量和力量，从而实现身心的平衡与和谐，达到身心和谐的状态。隋唐佛学讲心性论，其目的和目标就在于建构心性本体。佛教《坛经》的中心思想讲究"明心见性"的禅定，认为"外离相为禅，内不乱为定"。在《杂阿含经》[15]中，关于呼吸的内容主要涉及修习"安那般那念"，这是一种通过专注呼吸来达到身心平静和深入观察的修行方法。

佛教修习讲究呼吸吐纳、立身中正。佛经中修习安那般那念即观呼吸。在《易筋洗髓经·行住坐卧篇》中"立定勿倾斜，形端身自固。耳目随心静，止水与明镜。"强调吐故纳新，升清降浊，"度数暗调和，身定神即定。每日五更起，吐浊纳清熙"。在元气说中有，"宇宙有至理，难以耳目契。凡可参悟者，即属于元气。犹恐七情伤，元神不自持。虽具金刚相，犹是血肉躯。须照洗髓经，食少多进气。搓摩干沫浴，按眼复按鼻。摸面又旋耳，不必以数拘。闭眼常观鼻，合口任鼻息。"

八段锦形成发展深受佛教影响，同时，佛门子弟习练导引养生，也促进了八段锦等养生健身方法流传。少林功夫中《禅拳》《锦掌》《易筋经》《洗髓经》等禅功导引功夫疗法广泛流传，其中就有《八段锦》。少林八段锦是少林寺众僧最早演练的健身功法之一。现代更是通过少林僧众国内外交流，传播海内外。据传，唐朝少林寺高僧灵丘善练八段锦，寿达百岁。八段锦作为少林外气功的一种功法，简单易学。现存少林派八段锦讲究全面、实用、内外均衡的锻炼方法，是佛家弟子用以强筋壮骨、舒通经络、调和气血的重要功法，并随着少林僧侣的国内外交流传播至世界各地。

15　《杂阿含经》是我国早期佛教经典的翻译经书，为我国古籍中的珍品，是研究中国佛教、哲学等学科的经典。

五、道家养生观念的遵循

道家"效法天地、清净无为、抱朴守一"思想深刻影响了八段锦的发展。其核心内容源自《老子》和《庄子》等道家经典。道家理念强调回归本真、保持内心的纯净和专注，以达到与自然的和谐统一。八段锦动作中强调抱朴，即指习练过程中要保持原始的、自然的、朴素的状态，不受外界干扰。抱朴守一是道教追求的一种简单、真实的生活态度，旨在帮助人们摆脱世俗的纷扰，回归内心的平静，源自《老子》中的"载营魄抱一，能无离乎"，强调在修炼过程中保持精神的集中和统一。道法自然的思想强调万物都应遵循其内在规律发展变化，不违背这些自然规律。提倡顺应自然、简约不繁，对自然秩序和内在和谐予以尊重。在道教中，通常对身体某一部位非常专注，并通过凝神聚意达到身心的和谐与统一。这一理念随着道家八段锦传播，凝炼出经典的八段锦范式，既是导引养生修炼方法，也是养生哲学，教导习练者在纷繁复杂世界中保持自我，回归本源。

道教养生强调食饮有节、起居有常、不妄作劳，通过适当的身体活动促进气血流通，增强体质。道家八段锦强调以气养生，认为气为动力，通过呼吸吐纳结合丰富多样的体势调养气息，增强体质。八段锦练习讲究呼吸吐纳，深受道家修仙术式影响[16]。葛洪《抱朴子·别旨》言："夫导引疗未患之患，通不和之气，动之则百关气畅，闭之则三官血凝。实养生之大律，祛疾之玄术矣。"

道教养生思想在八段锦的发展过程影响深刻。南朝陶弘景所著的《养性延命录》中，有"狼踞鸱顾，左右自摇曳"（与"五劳七伤往后瞧"动作相似）、"顿踵三"（与"背后七颠百病消"相似）、"左右挽弓势"（与"左右开弓似射雕"相似）、"左右单托天势"（与"调理脾胃须单举"相似）、"两手前筑势"

16　《道德经》讲"专气致柔""我以观其复""天地之间，其犹橐龠乎？"释家"安那般那念"呼吸法、"大般守意"呼吸法，核心与道家类似，为"观呼吸"，均讲究自我觉知。

（与"攒拳怒目增气力"相似）的描述，是八段锦动作的较早记载。而且该书中的叩齿、咽津等动作也被后世流传的十二段锦、十六段锦等功法所吸收。道家强调与自然和谐共处，认为人应顺应自然规律来养生。

六、儒文化天命观在八段锦中的映射

八段锦深受儒文思想影响，儒家追求天命自觉，奉行秩序。八段锦经历代儒家子弟的传承，融入"天命""仁爱"思想。经孔子创建儒家，孟子、荀子整合和总结，儒学内涵不断丰富发展，且受着历代皇帝推崇，深刻影响封建正统的思想体系。儒家子弟多有习练八段锦之人，将儒文化中知天命、顺自然的思想精髓深深地融入养生理论中。

孔子建立相对完整的儒文化思想体系时，已将重天命、讲仁德融入儒家哲学。《论语·颜渊》："死生有命，富贵在天。"仁的基本含义也包括重视生命、顺天而为的思想。儒家接受生死是自然规律的一部分，人们应当接受而非抗拒[17]。孔子讲"未知生，焉知死？"表明儒家生活和道德实践不忧虑、不畏惧。儒者从不过分担忧，八段锦讲究中正安舒，心神怡然，天人合一，养生思想与儒家天命论内核高度契合。宋代理学家张载讲"民吾同胞，物吾与也"倡导要爱人类，爱自然万物。程颢说："仁者以天地万物为一体"，认为人的仁心仁性以天地万物为一体，要把爱给予他人和万物，博爱天下。孟子最早提出了比较明确的天人合一的思想，认为人与天地万物是一个统一的整体。程朱理学贯通道家思想宇宙自然和佛家思想人生命运，在继承儒家孔孟思想正宗过程中，进一步丰富了天地宇宙观。

儒家作为封建正统引领古代中国思想发展，也深刻影响了养生导引发展。

---

17 陈献章（1428—1500），字公甫，别号石斋，广东新会白沙里人，故又称白沙先生，追谥文恭。明代哲学家、教育家。

儒家弟子多修习养生，将八段锦内容写入经典。南宋曾慥[18]，作为理学名臣，所著《道枢》广泛汇聚了宋朝以前的气功理论与功法文献，收录《坐忘篇》《集要篇》《指元篇》《归根篇》《众妙篇》《悟真篇》等诸多珍贵文献。对导引养生的核心理论进行全面总结并形诸文字，为后世导引术创编和传播提供参考。如《道枢》第三十五卷特别收录的《众妙篇》，深入介绍养生功法"取火""宴坐""勒阳关""焚身""炼形"以及"导引吐纳"等一系列具体的操作方法。曾慥认为这些导引养生手段能够调和性情、保养形体，为修炼者带来身心的双重滋养。《众妙篇》所载主要导引术势，具备了现代流传的八段锦全部重要内容，包括仰掌上举以治三焦者也；左肝右肺如射雕焉；东西独托，所以安其脾胃矣；返复而顾，所以理其伤劳矣；大小朝天，所以通其五脏矣；咽津补气，左右挑其手；摆鳝之尾，所以祛心之疾矣；左右手以攀其足，所以治其腰矣。其对八段锦经络运行、动作原理及功效均作清晰明确的描述。

儒家作为封建社会文化主流、思想正统的代表，其所推崇的思想文化，视听言动深刻影响了导引文化发展，展现巨大的社会影响力。明代，以儒者自居的学者，深受儒释道三教合流的影响，兼修佛教、道教，修习导引养生之术。八段锦受此影响，养生理论内涵在代代传承的基础上，最终呈现出集中国传统哲学思想大成，将医、武、佛、道、儒家各思想融为一体，成为极具中国特色的传统文化瑰宝。

18　曾慥（？—1155）两宋之际道教学者、诗人。北宋大臣曾公亮裔孙。曾官至尚书郎、直宝文阁。晚年隐居银峰，潜心修道，主张"学道以清净为宗，内观为本"，编成《道枢》四十二卷，选录大量修道养生术，包括义理、阴符、黄庭、太极、服气、大丹、炼精、胎息、金碧龙虎、铅汞五行等。曾慥死后被列为理学名臣，进祀乡贤祠。

八段锦练习讲究呼吸吐纳配合抻筋拔骨、舒通经络，通过对特定腧穴的抻拔刺激，达到"导气令和、引体令柔"的健身效果。本章主要对照八段锦动作范式，对各势动作所涉经络和重要腧穴，用鲜明的图文标注，以便读者快速查询，在练习中准确掌握动作及气息运用的关键。

八段锦导引手太阴肺经关键腧穴速查

序号	腧穴名称	主要功能	八段锦动作速查	图示	备注
1	少商	清热利咽、醒神开窍。主治：指肿、麻木；咳嗽、咽喉肿痛、鼻衄等肺系实热证；高热，昏迷，癫狂	左右开弓似射雕、五劳七伤往后瞧、攒拳怒目增气力		拇指末节桡侧，指甲根角侧上方0.1寸
2	鱼际	清肺热、理气利咽。主治：咳嗽、咯血、失音、喉痹咽干、乳痈、肘挛	左右开弓似射雕、五劳七伤往后瞧、攒拳怒目增气力		手掌大鱼际肌的边缘
3	太渊	通调血脉，止咳化痰等功效。主治：腕臂痛；咳嗽、气喘、咯血、咽喉肿痛等肺系病证	两手托天理三焦、左右开弓似射雕、调理脾胃须单举、五劳七伤往后瞧、攒拳怒目增气力		桡骨茎突与舟状骨之间，拇长展肌腱尺侧凹陷中
4	经渠	宣肺理气，清肺降逆，疏风解表。主治：咳嗽气喘、胸闷胸痛、咽喉肿痛；手腕痛、掌中热；落枕等	两手托天理三焦、左右开弓似射雕、调理脾胃须单举、五劳七伤往后瞧、攒拳怒目增气力		太渊穴上，腕掌侧近端横纹上1寸

5	列缺	具有止咳平喘、宣肺理气、通经活络、利水通淋等功效。主治：手腕痛；咳嗽、气喘、咯血、咽喉肿痛等肺系病证；头痛、齿痛、项强、口眼㖞斜等头面部疾患等	两手托天理三焦、左右开弓似射雕、五劳七伤往后瞧、攒拳怒目增气力		腕掌侧远端横纹上1.5寸，拇短伸肌腱和拇长展肌腱沟的凹陷中
6	孔最	清热解表，润肺利咽。主治：咳嗽，气喘，咯血，咽喉肿痛；热病无汗；肘臂疼痛等	两手托天理三焦、左右开弓似射雕、五劳七伤往后瞧、两手攀足固肾腰、攒拳怒目增气力		腕掌侧远端横纹上7寸，尺泽与太渊连线上
7	尺泽	清宣肺气，泻火降逆。主治：咳嗽，气喘，咯血，潮热，胸部胀满，咽喉肿痛，吐泻，肘臂挛痛等	抱球桩、两手托天理三焦、左右开弓似射雕、五劳七伤往后瞧、两手攀足固肾腰、攒拳怒目增气力		肘横纹上，肱二头肌腱桡侧凹陷中
8	侠白	理肺和胃，调气止痛的功效，主治上臂痛；心痛、干呕、烦满；咳嗽、气喘等	抱球桩、两手托天理三焦、调理脾胃须单举、五劳七伤往后瞧、两手攀足固肾腰、攒拳怒目增气力		臂前区，腋前纹头下4寸，肱二头肌桡侧缘处
9	天府	宣散肺邪，清肺凉血，调理肺气，安神定志。主治：气喘、瘿气、鼻衄、上臂内侧痛等	抱球桩、两手托天理三焦、左右开弓似射雕、五劳七伤往后瞧、两手攀足固肾腰、攒拳怒目增气力		臂内侧面，肱二头肌桡侧缘，腋前纹头下3寸处
10	云门	止咳平喘、清肺除烦、通利关节。主治：咳嗽、气喘、胸痛、肩背痛、喘息、呕逆、胸中烦满、上肢麻木等	两手托天理三焦、左右开弓似射雕、调理脾胃须单举、五劳七伤往后瞧、两手攀足固肾腰、攒拳怒目增气力		锁骨下窝凹陷处，距身体前正中线旁开6寸处
11	中府	止咳平喘、清泻肺热、通经活络。主治：咳嗽，气喘，胸闷，支气管炎，胸痛；胃肠病；肩背痛等	两手托天理三焦、左右开弓似射雕、调理脾胃须单举、五劳七伤往后瞧、两手攀足固肾腰、攒拳怒目增气力		胸前壁外上方，云门下1寸，平第1肋间隙，距前正中线6寸

八段锦手阳明大肠经关键腧穴速查

序号	腧穴名称	主要功能	八段锦动作速查	图示	备注
1	商阳	清热解表、理气平喘、利咽醒脑、苏厥开窍。主治：胸闷、上吐下泻、哮喘咳嗽、中暑、咽喉肿痛、牙痛、耳聋、咽炎、急性扁桃体炎、中风昏迷、热病汗不出等	左右开弓似射雕、调理脾胃须单举、五劳七伤往后瞧、攒拳怒目增气力	商阳穴	食指桡侧，距指甲根角 0.1 寸处
2	二间	解表清热，利咽，消肿止痛。主治：阳明实证引起的牙痛；面神经麻痹，便秘，大便脓血，痔疮；外感表邪引起的咽炎、喉炎、扁桃体炎、肩周炎；胃病等	左右开弓似射雕、攒拳怒目增气力	二间 三间 合谷	第二掌指关节前缘的桡侧，赤白肉际处
3	三间	清泻阳明，通调腑气，通经活络。主治齿痛、咽喉肿痛等五官病；腹胀、肠鸣等肠腑病证；嗜睡；局部手指拘挛，握拳不开，手背红肿	左右开弓似射雕、攒拳怒目增气力	二间 三间 合谷	手背第二掌骨桡侧，掌骨小头后方凹陷处，握拳取穴
4	合谷	疏风解表，通络镇痛，行血活气、止痛镇静、通经活络主治：身热、头痛、咳嗽、眩晕、目赤肿痛、鼻衄、咽喉肿痛、耳聋、口眼歪斜、疟腮、脘腹疼痛、呕吐、便秘、痢疾、痛经、瘾疹、肩臂疼痛等	左右开弓似射雕、五劳七伤往后瞧、攒拳怒目增气力	二间 三间 合谷	手背，第 1、2 掌骨间，当第 2 掌骨桡侧的中点处
5	阳溪	清热解毒，安神定志，舒筋活络。主治：头痛、目赤肿痛、耳聋、手腕痛等	两手托天理三焦、左右开弓似射雕、调理脾胃须单举、五劳七伤往后瞧、两手攀足固肾腰、攒拳怒目增气力	偏历 阳溪 合谷 三间 二间 商阳	腕背横纹桡侧，手拇指向上翘时，当拇短伸肌腱与拇长伸肌腱之间的凹陷中
6	偏历	清热解毒，利水消肿。主治：目赤，耳鸣，鼻衄，口眼歪斜，牙痛，喉痹，咽干，颊肿，腹部胀满，水肿，小便不利，癫疾，多言；肩膊肘腕酸痛，疟疾等	两手托天理三焦、左右开弓似射雕、调理脾胃须单举、五劳七伤往后瞧、两手攀足固肾腰	偏历 阳溪 合谷 三间 二间 商阳	屈肘，在前臂背面桡侧，当阳溪与曲池连线上，腕横纹上 3 寸处
7	温溜	清热解毒，安神定志。主治：头痛，面肿，鼻衄，口舌肿痛，咽喉肿痛；肩背痛，肠鸣、腹痛；四肢不温等	两手托天理三焦、左右开弓似射雕、调理脾胃须单举、五劳七伤往后瞧、两手攀足固肾腰	温溜	前臂腕背侧远端横纹上 5 寸阳溪与曲池连线上

8	下廉	平肝潜阳，调理肠胃，通经活络。主治：腹痛、腹胀、肠鸣音亢进；头痛、眩晕、目痛；牙痛；肘关节炎、肘臂痛、上肢不遂、手、肘、肩无力等	两手托天理三焦、左右开弓似射雕、调理脾胃须单举、五劳七伤往后瞧、两手攀足固肾腰		前臂，肘横纹下4寸，阳溪与曲池连线上
9	上廉	调肠腑，通经络。治疗头痛、眩晕；半身不遂、肩臂疼痛、麻木、肠炎、腹痛、腹泻、小便黄赤等	两手托天理三焦、左右开弓似射雕、调理脾胃须单举、五劳七伤往后瞧、两手攀足固肾腰		前臂桡侧外缘，上廉下1寸处
10	手三里	疏经通络，消肿止痛，清肠利腑。主治：手臂无力、上肢不遂、腹痛、腹泻、齿痛、颊肿等症	两手托天理三焦、左右开弓似射雕、调理脾胃须单举、五劳七伤往后瞧、两手攀足固肾腰		前臂背面桡侧，当阳溪穴与曲池穴连线上，肘横纹下2寸处
11	曲池	疏风解表 清热利湿、活血通络。主治：上臂痹痛、网球肘；热病 高血压、癫狂、惊厥；腹痛、吐泻；咽喉肿痛 齿痛等五官病症	两手托天理三焦、左右开弓似射雕、调理脾胃须单举、五劳七伤往后瞧、两手攀足固肾腰		肘横纹外端，肱骨外髁前缘的凹陷处
12	肘髎	通经活络，舒筋利节。主治：肘臂疼痛、上肢不遂、肩部酸痛、肘部酸痛、臂部酸痛、麻木、瘰疬、挛急、屈伸不利、臂神经痛、肱骨外上髁炎、肘关节周围软组织损伤、瘫痪、嗜卧等	两手托天理三焦、左右开弓似射雕、调理脾胃须单举、五劳七伤往后瞧、两手攀足固肾腰、攒拳怒目增气力		屈肘，在臂外侧，曲池穴外上方1寸，肱骨边缘凹陷中
13	手五里	理气散结，通经活络。主要用于胸肺及局部疾患。咳嗽、咳血、心下胀满、中风偏瘫、肘臂疼痛挛急、寒热疟疾、身黄嗜卧、瘰疬、肘臂疼痛挛急等	两手托天理三焦、左右开弓似射雕、调理脾胃须单举、五劳七伤往后瞧、两手攀足固肾腰、攒拳怒目增气力		臂外侧，当曲池穴与肩髎穴连线上，曲池穴上3寸处
14	臂臑	通经活络、理气消痰、清热明目	两手托天理三焦、左右开弓似射雕、调理脾胃须单举、五劳七伤往后瞧、两手攀足固肾腰、攒拳怒目增气力		臂外侧，三角肌止点处，当曲池与肩髎连线上，曲池上7寸

八段锦足阳明胃经关键腧穴速查

序号	腧穴名称	主要功能	八段锦动作速查	图示	备注
1	厉兑	清热和胃，苏厥醒神，通经活络。主治面肿、齿痛、口㖞、鼻衄、胸腹胀满、热病、多梦、癫狂	左右开弓似射雕、摇头摆尾去心火、背后七颠百病消	厉兑穴	足第2趾末节外侧，距趾甲角0.1寸（第二趾甲根、边缘中央下方的二毫米处）
2	内庭	清泻胃火，调理肠腑，理气止痛。主治：齿痛、咽喉肿病，口㖞、鼻衄、热病；腹痛、腹胀、便秘、痢疾；足背肿痛	左右开弓似射雕、摇头摆尾去心火、背后七颠百病消	陷谷穴 内庭穴 行间穴	足背，第2、3趾间，趾蹼缘后方赤白肉际处
3	陷谷	清热解表，和胃行水，理气止痛。主治：腹痛胀满、肠鸣泄痢、面目浮肿、目赤痛、疝气、热病、足背肿痛等	摇头摆尾去心火、背后七颠百病消	陷谷穴 内庭穴 行间穴	足背第2、3跖骨结合部前方凹陷处
4	冲阳	和胃化痰，通络宁神。主治：头重，头痛，口眼歪斜、齿痛，颊肿。呕吐，腹坚，胃脘痛，不嗜食。善惊，狂疾。足痿，足缓不收，足背红肿	摇头摆尾去心火、背后七颠百病消	冲阳穴	足背最高处，当拇长伸肌腱和趾长伸肌腱之间，足背动脉搏动处
5	解溪	舒筋活络，清胃化痰，镇静安神。主治：牙疼、烦心、目赤、神经性头痛、眩晕、腹胀、便秘、脚踝疼痛、脚腕痛、下肢痿痹、肾炎、肠炎、胃肠炎等	背后七颠百病消	解溪穴	小腿与足背交界处的横纹中央凹陷处
6	丰隆	健脾和胃、止咳平喘、化痰开窍。主治：下肢痿痹、腹胀、便秘；咳嗽、痰多、头痛、眩晕、癫狂等痰饮病证	抱球桩、左右开弓似射雕、摇头摆尾去心火、背后七颠百病消		外踝尖上8寸，胫骨前嵴外缘，条口穴外一横指处
7	下巨虚	调肠胃、通经络、安神志、化积滞。主治：下肢痿痹、膝痛；泄泻、痢疾、肠鸣、便秘等肠胃病证；乳痈	抱球桩、左右开弓似射雕、摇头摆尾去心火、背后七颠百病消		犊鼻穴下9寸，距胫骨前缘一横指（中指）

8	条口	理气和中、舒筋活络。主治：下肢痿痹，转筋；脘腹疼痛；肩臂痛	抱球桩、左右开弓似射雕、摇头摆尾去心火、背后七颠百病消		犊鼻下8寸，犊鼻与解溪连线上
9	上巨虚	通肠化滞，理脾和胃，疏经调气。主治：阑尾炎、胃肠炎、痢疾、疝气、食欲不振、消化不良、半身不遂、下肢麻痹或痉挛、膝关节炎、脚气等	抱球桩、左右开弓似射雕、摇头摆尾去心火、背后七颠百病消		小腿前外侧，当犊鼻下6寸，距胫骨前缘一横指（中指）
10	足三里	调理脾胃、补中益气、通经活络、疏风化湿、扶正祛邪。主治：胃痛、呕吐、噎膈、腹胀、腹泻、痢疾、便秘等胃肠病证；下肢痿痹、癫狂等神志病；乳痈、肠痈等外科疾患；虚劳诸证	抱球桩、左右开弓似射雕、摇头摆尾去心火、背后七颠百病消		外膝眼下四横指、胫骨边缘
11	犊鼻	消肿止痛、通经活络。主治：膝痛、屈伸不利，下肢麻木、疼痛	抱球桩、左右开弓似射雕、摇头摆尾去心火、攒拳怒目增气力、背后七颠百病消		髌韧带外侧凹陷中，又名外膝眼
12	梁丘	祛风除湿、通络止痛。主治：急性胃痛；膝肿痛、下肢不遂等下肢病证；乳痈、乳痛等乳疾	抱球桩、左右开弓似射雕、摇头摆尾去心火、攒拳怒目增气力		股前区髂前上棘与髌底外侧端的连线上，髌底上2寸

13	阴市	温经散寒，理气止痛。主治：膝关节及周围软组织疾患；膝关节痛，腿膝麻痹，酸痛，伸屈不利；下肢肿胀；瘫痪不遂；脚气；腰痛；寒疝；腹胀，腹痛	抱球桩、左右开弓似射雕、摇头摆尾去心火、攒拳怒目增气力		髂前上棘与髌底外侧端的连线上，髌底上3寸处
14	伏兔	温经散寒。主治：风湿性关节炎，股外侧皮神经炎，下肢瘫痪，下肢痉挛等运动系疾病；荨麻疹，脚气，腹股沟淋巴腺炎	抱球桩、左右开弓似射雕、摇头摆尾去心火、攒拳怒目增气力		髂前上棘与髌骨外侧端的连线上，髌底上6寸处
15	髀关	健脾除湿，固化脾土。主治：腰痛膝冷，痿痹，腹痛	抱球桩、左右开弓似射雕、摇头摆尾去心火、攒拳怒目增气力		髂前上棘与髌底外侧端的连线上，屈髋时平会阴，居缝匠肌外侧凹陷处
16	气冲	温经散寒，理气活血，调补冲任。肠鸣腹痛，疝气，月经不调，不孕，阳痿，阴肿	抱球桩、两手托天理三焦、摇头摆尾去心火、两手攀足固肾腰		脐中下5寸，距前正中线2寸
17	归来	活血化瘀，调经止痛。主治：腹痛，疝气等少腹及前阴疾病；闭经，月经不调，阴挺，带下等生殖泌尿系统疾病	两手托天理三焦、摇头摆尾去心火、两手攀足固肾腰		下腹部，脐中下4寸，前正中线旁开2寸
18	水道	通调水道，调理冲任。主治：气化不利、水湿停聚之小腹胀满、小便不利、尿闭、水肿、疝气诸病症；冲任失调之痛经月经不调不孕诸病	两手托天理三焦、摇头摆尾去心火		下腹部，当脐中下3寸，距前正中线2寸

19	大巨	理气调肠，益肾固精。主治：腹痛、腹泻、小腹胀满、小便不利、疝气、遗精、阳痿、早泄等	两手托天理三焦、摇头摆尾去心火		下腹部，脐中下2寸，前正中线旁开2寸
20	外陵	和胃化湿，理气止痛，调血理气。主治：腹痛、疝气、痛经、泄泻、痢疾、腹胀、肠鸣、阑尾炎、输尿管结石、胃炎、肠炎、肠痉挛等	两手托天理三焦、摇头摆尾去心火		脐中下1寸，前正中线旁开2寸
21	天枢	调中和胃、理气健脾、通经活络。主治：腹痛、腹胀、腹泻、便秘、痢疾等肠病证；月经不调、痛经等妇科病证	两手托天理三焦、摇头摆尾去心火		腹部，横平脐中，前正中线旁开2寸
22	滑肉门	镇静安神、清心开窍。主治：胃痛、呕吐、癫狂、肥胖	两手托天理三焦、摇头摆尾去心火		上腹部，当脐中上1寸，前正中线旁开2寸
23	太乙	涤痰开窍，镇惊安神，和中化滞。主治：胃疼、腹胀、心烦、癫狂等	两手托天理三焦、摇头摆尾去心火		上腹部，当脐中上2寸，前正中线旁开2寸
24	关门	调理肠胃，利水消肿。主治：腹胀、腹痛、肠鸣泄泻、水肿	两手托天理三焦、摇头摆尾去心火		上腹部脐上3寸，距前正中线2寸
25	梁门	和胃理气，健脾调中。主治：胃痛、呕吐、食欲不振、腹胀、泄泻等	两手托天理三焦、摇头摆尾去心火		上腹部，脐中上4寸距前正中线2寸
26	承满	理气和胃，降逆止呕。主治：胃痛、吐血、食欲不振、腹胀	两手托天理三焦、摇头摆尾去心火		在上腹部，当脐中上5寸，距前正中线2寸
27	不容	调经和胃，理气止痛。主治：胃痛、呕吐、纳少、腹胀等胃疾；肋间神经痛，肩臂部诸肌痉挛或萎缩	两手托天理三焦、调理脾胃须单举、摇头摆尾去心火		上腹部，当脐中上6寸，距前正中线2寸
28	乳根	降逆定喘、消痈催乳的作用。乳根穴主治乳痈、乳汁少、胸痛、咳嗽、呃逆	两手托天理三焦、调理脾胃须单举、摇头摆尾去心火		胸部，当乳头直下，乳房根部，第5肋间隙，距前正中线4寸

29	乳中	调气醒神、明目通窍。主治：消化不良、咳嗽、哮喘、咽喉肿痛、颈部肿大、锁骨上窝肿痛、乳汁分泌不足等	两手托天理三焦、调理脾胃须单举、摇头摆尾去心火		胸部第4肋间隙，乳头中央，距前正中线4寸
30	膺窗	宽胸理气，宣肺止咳。主治：急性乳腺炎，心动过速，咳嗽气喘，胸胁胀满疼痛，乳痈，乳癖	两手托天理三焦、调理脾胃须单举、摇头摆尾去心火		胸部，当第3肋间隙，距前正中线4寸
31	屋翳	化痰止咳，宽胸理气，活络通乳。主治：痰湿或痰热阻肺之咳嗽、气喘、痰多诸症；气机阻滞之胸胁胀满、疼痛诸症；胃热乳痈，乳络不通之乳少、乳癖诸病症	两手托天理三焦、调理脾胃须单举、摇头摆尾去心火		胸部，当第二肋间隙，距前正中线4寸
32	库房	宣肺止咳，清热解毒，祛风胜湿。主治：咳嗽、气喘咳唾脓血、胸胁胀痛等胸肺病证；乳痈、乳癖等乳疾	两手托天理三焦、调理脾胃须单举、摇头摆尾去心火、两手攀足固肾腰		在胸部，当第1肋间隙，距前正中线4寸
33	气户	调肺气、止喘咳。主治：咳嗽，气喘，呃逆，胸胁支满，胸痛	两手托天理三焦、调理脾胃须单举、摇头摆尾去心火、两手攀足固肾腰		胸部，当锁骨中点下缘，距前正中线4寸
34	缺盆	宽胸利隔、止咳平喘。主治：咳嗽、气喘、咽喉肿痛、瘰疬	两手托天理三焦、调理脾胃须单举、摇头摆尾去心火		人体的锁骨上窝中央，距离前正中线约4寸的位置
35	气舍	理气散结、和胃降逆、清热利咽。主治：气机郁滞、痰气凝结之瘰疬、瘿瘤诸病症；胃气上逆之呃逆；热邪上攻之咽喉肿痛	两手托天理三焦、左右开弓似射雕、调理脾胃须单举、摇头摆尾去心火		颈部，当锁骨内侧端的上缘，胸锁乳突肌的胸骨头与锁骨头之间
36	水突	宽胸利气、消肿散结。主治：咽喉肿痛、咳嗽、气喘等	两手托天理三焦、左右开弓似射雕、调理脾胃须单举、摇头摆尾去心火		颈部，胸锁乳突肌的前缘，当人迎穴与气舍穴连线的中点
37	人迎	理气降逆、利咽散结、利咽散结、通经活络。主治：高血压、咽喉肿痛、气管炎、支气管炎、气喘、瘿气、胸满气逆、食欲不振等	两手托天理三焦、左右开弓似射雕、调理脾胃须单举、摇头摆尾去心火		颈部，结喉旁开1.5寸，胸锁乳突肌的前缘，颈总动脉搏动处

八段锦足太阴脾经关键腧穴速查

序号	腧穴名称	主要功能	八段锦动作速查	图示	备注
1	隐白	宁神定志，健脾和胃，止血。主治：月经过多、崩漏等妇科病症；便血、尿血等慢性出血证；癫狂、多梦等神志疾患；惊风；腹满、暴泻	摇头摆尾去心火、背后七颠百病消	隐白	足趾，大趾末节内侧，趾甲根角侧后方0.1寸
2	大都	泄热止痛、健脾和中、舒筋活络。主治：腹胀胃痛，呕吐泄泻，便秘热病	抱球桩、左右开弓似射雕、背后七颠百病消	大都穴	大趾本节（第1跖趾关节）前下方赤白肉际凹陷处
3	太白	健脾利湿，和胃宁神。主治：胃痛，腹胀，肠鸣，泄泻，便秘，痔漏，脚气，体重节痛，痢疾	抱球桩、左右开弓似射雕、攒拳怒目增气力、背后七颠百病消	太白穴	太白穴位于足内侧缘，当第一跖骨小头后下方凹陷处
4	公孙	调理肠胃、消积除痞、平冲降逆的功效。主治：胃痛，呕吐，腹痛，腹胀，泄泻，心痛，胸闷；逆气里急，气上冲心等冲脉病证	背后七颠百病消	公孙穴	足内侧缘，当第1跖骨基底的前下方，赤白肉际处
5	商丘	健脾化湿、清心宁神、运化脾土、生发脾气。主治：腹胀，肠鸣，腹泻，便秘，消化不良；急慢性胃炎、黄疸、痔疮、便血等；神经性呕吐，小儿惊厥，百日咳等；足踝痛，脚气等	背后七颠百病消	商丘穴	内踝前下方凹陷中，当舟骨结节与内踝尖连线的中点处
6	三阴交	活血调经、益气健脾、培补肝肾。主治：腹胀、腹泻、消化不良、心悸、失眠、高血压水肿、遗精阳痿、遗尿、早泄、月经失调、痛经、带下病、疝气、湿疹等病症	背后七颠百病消	三阴交穴 内踝尖	小腿内侧，当足内踝尖上3寸，胫骨内侧缘后方
7	漏谷	健脾利湿，止带固精。主治：腹胀腹痛、肠鸣、泄泻、遗精带下、小便不利、腰膝厥冷、下肢痿痹	摇头摆尾去心火、背后七颠百病消	7寸 漏谷 6寸	小腿内侧，内踝尖与阴陵泉的连线上，距内踝尖6寸，胫骨内侧缘后方
8	地机	健脾渗湿，固精止遗，调经止带。主治：痛经、崩漏、月经不调、遗精、精液缺乏等；腹痛、腹泻等肠胃病症；疝气；小便不利、水肿等脾不运化水湿病症	摇头摆尾去心火、背后七颠百病消	7寸 地机穴 6寸	小腿内侧，当内踝尖与阴陵泉的连线上，阴陵泉下3寸，胫骨内侧缘后际

9	阴陵泉	健脾理气，清利湿热，疏经通络。主治：腹胀，水肿，黄疸，泄泻，小便不利，尿失禁；阴茎痛，遗精，妇人阴痛，带下；膝痛，半身不遂，下肢痿痹	摇头摆尾去心火、攒拳怒目增气力、背后七颠百病消		小腿内侧，胫骨内侧髁下缘与胫骨内侧缘之间的凹陷中
10	血海	调经统血、健脾化湿。主治：痛经、月经不调、经闭等妇科病，膝、股内侧痛，瘾疹、湿疹、丹毒等血热性皮肤病	左右开弓似射雕、摇头摆尾去心火、攒拳怒目增气力		髌底内侧端上 2 寸，股内侧肌隆起处
11	箕门	沉降脾经阴浊。健脾渗湿，通利下焦，运化脾土。主治：小便不利，腹股沟肿痛，小腹肿痛，腹股沟淋巴结炎鼠蹊肿痛等	左右开弓似射雕、摇头摆尾去心火、攒拳怒目增气力		大腿内侧，当血海穴与冲门穴连线上，血海上 6 寸
12	冲门	健脾化湿，理气解痉。主治：腹痛、疝气、带下、小便淋沥、产后血崩异常、气喘、小儿抽筋等	两手托天理三焦、左右开弓似射雕、调理脾胃须单举、摇头摆尾去心火		腹股沟外侧，距耻骨联合上缘中点 3.5 寸，当髂外动脉搏动处的外侧
13	府舍	润脾之燥、生发脾气、顺其调便、缓急止痛。主治：腹胀、腹痛、腹股沟痛、疝气、积聚、痞块等	两手托天理三焦、左右开弓似射雕、调理脾胃须单举、摇头摆尾去心火		下腹部，当脐中下 4 寸，冲门上方 0.7 寸，距前正中线 4 寸
14	腹结	健脾温中、宣通降逆、固土健脾。主治：腹痛，肠炎，大便秘结，绕脐疼痛，腹寒泻痢，肠神经痛，肠梗阻，疝气，支气管炎，阳痿，脚气等	两手托天理三焦、调理脾胃须单举、摇头摆尾去心火		下腹部，府舍穴上 3 寸，大横下 1.3 寸，距前正中线 4 寸
15	大横	温中散寒、理气止痛、通调腑气等功效。主治：腹痛、腹泻、便秘	两手托天理三焦、调理脾胃须单举、摇头摆尾去心火		脐中旁开 4 寸
16	腹哀	健脾和胃，理气调肠。主治：消化不良、腹痛、便秘、泄泻、痢疾等	两手托天理三焦、调理脾胃须单举		上腹部，当脐中上 3 寸，距前正中线 4 寸

17	食窦	健脾和胃，理气调肠。主治：腹胀水肿、噫气翻胃、胸胁胀痛、痰饮、咳嗽、少乳等	两手托天理三焦、左右开弓似射雕、调理脾胃须单举、五劳七伤往后瞧、双手攀足固肾腰		胸外侧部，当第5肋间隙，距前正中线6寸处
18	天溪	理气止咳、宽胸通乳。主治：胸痛、咳嗽、气喘、痰多，乳汁少、乳痛、肺炎、支气管炎、哮喘、胸膜炎、肋间神经痛	两手托天理三焦、左右开弓似射雕、调理脾胃须单举、五劳七伤往后瞧、双手攀足固肾腰		胸外侧部，当第4肋间隙，距前正中线6寸
19	胸乡	宽胸理气、疏泄三焦。主治：胸胁支满、咳嗽气逆、痛引胸背、卧不得转侧；乳汁少、乳痛等	两手托天理三焦、左右开弓似射雕、调理脾胃须单举、五劳七伤往后瞧、双手攀足固肾腰		胸侧部，当第3肋间隙，距前正中线6寸
20	周荣	宽胸理气、宣肺化痰。主治：胸胁胀满、疼痛、咳嗽、气喘、痰多	两手托天理三焦、左右开弓似射雕、调理脾胃须单举、五劳七伤往后瞧、双手攀足固肾腰		胸外侧部，当第2肋间隙中，前正中线旁开6寸

八段锦手少阴心经关键腧穴速查

序号	腧穴名称	主要功能	八段锦动作速查	图示	备注
1	少冲	清心安神，开窍泄热，生发心气。主治：心悸、心痛、胸胁痛、癫狂、热病、昏迷	调理脾胃须单举、五劳七伤往后瞧、双手攀足固肾腰、攒拳怒目增气力		手小指末节桡侧，距指甲角0.1寸
2	少府	理气活络、清心泻火、安神定志。主治：失眠、健忘、胸痛、心悸、心律不齐、小指拘挛、掌中热、皮肤瘙痒、小便不利、遗尿、阴痛、阴部瘙痒、月经过多等	调理脾胃须单举、五劳七伤往后瞧、双手攀足固肾腰、攒拳怒目增气力		掌心第4、5掌骨之间，握拳时小指指尖所指处

101

3	神门	宁心安神、清心调气。主治：心痛、心烦、惊悸、怔忡、健忘、失眠、痴呆、癫狂痫、晕车等心与神志病证；高血压；胸胁痛	两手托天理三焦、左右开弓似射雕、调理脾胃须单举、五劳七伤往后瞧、双手攀足固肾腰、攒拳怒目增气力		小指侧腕横纹向上1寸（约2.5厘米），尺骨与桡骨之间凹陷处
4	阴郄	固精敛汗、强心安神、活血行气	两手托天理三焦、左右开弓似射雕、调理脾胃须单举、五劳七伤往后瞧、双手攀足固肾腰、攒拳怒目增气力		前臂掌侧，当尺侧腕屈肌腱的桡侧缘，腕横纹上0.5寸
5	通里	通心络、清心火、宁心神、利舌咽、明眼目。主治：心痛、心悸、怔忡等心系病症；暴喑、舌强不语；腕臂内侧痛、肘及前臂疼痛等痛症	两手托天理三焦、左右开弓似射雕、调理脾胃须单举、五劳七伤往后瞧、双手攀足固肾腰、攒拳怒目增气力		前臂掌侧，当尺侧腕屈肌腱的桡侧缘，腕横纹上1寸
6	灵道	通脉止痛，开窍醒神。主治：心脏疾病、胃脘痛、目赤肿胀、癫痫等病症	两手托天理三焦、左右开弓似射雕、调理脾胃须单举、五劳七伤往后瞧、双手攀足固肾腰、攒拳怒目增气力		前臂掌侧，当尺侧腕屈肌腱的桡侧缘，腕横纹上1.5寸
7	少海	理气通络，益心安神，降浊升清。主治：头项不清；心痛、癔病等心与神志病；肘臂挛痛麻木、腋胁痛、臂麻手颤；瘰疬	两手托天理三焦、左右开弓似射雕、调理脾胃须单举、五劳七伤往后瞧、攒拳怒目增气力		屈肘举臂，在肘横纹内侧端与肱骨内上髁连线的中点处
8	青灵	宁心安神、舒筋活络。主治：头痛，振寒；胁痛，肩臂疼痛；心绞痛	两手托天理三焦、左右开弓似射雕、调理脾胃须单举、五劳七伤往后瞧、攒拳怒目增气力		肘横纹上3寸处，肱二头肌的内侧沟中
9	极泉	宽胸宁心、活络止痛。主治：心痛、心悸等心病及脑血管疾病后遗症；肩臂疼痛、胸胁疼痛、臂丛神经损伤；腋臭	两手托天理三焦、左右开弓似射雕、调理脾胃须单举		腋窝顶点，腋动脉搏动处（腋窝最深处）

八段锦手太阳小肠经关键腧穴速查

序号	腧穴名称	主要功能	八段锦动作速查	图示	备注
1	少泽	清心泻热、开窍通络。主治: 头痛目翳, 咽喉肿痛, 乳痈, 乳汁少, 昏迷, 热病	左右开弓似射雕、调理脾胃须单举、五劳七伤往后瞧、双手攀足固肾腰、攒拳怒目增气力	少泽穴	人体的小指末节尺侧, 距指甲角 0.1 寸
2	前谷	疏风清热, 通乳安神。主治: 热病汗不出、疟疾、头痛、目痛、耳鸣、颊肿、咽喉肿痛、癫狂、痛证、乳痈、乳少及胂、上肢、小指痛	两手托天理三焦、左右开弓似射雕、调理脾胃须单举、五劳七伤往后瞧、攒拳怒目增气力	前谷穴	手掌第五掌指关节前尺侧, 当掌指关节前横纹头, 赤白肉际处
3	后溪	疏风清热, 通督宁神, 疏经活络。主治: 头项强痛、腰背痛、手指及肘臂挛痛等痛证; 耳聋, 目赤, 癫狂痫; 疟疾	调理脾胃须单举、五劳七伤往后瞧、攒拳怒目增气力	后溪穴	手内侧, 第 5 掌指关节尺侧近端赤白肉际凹陷中
4	腕骨	舒筋活络、泌别清浊。主治: 头痛、项强、目翳、耳鸣耳聋、口腔炎、消渴、黄疸、肩臂疼痛麻木、腕痛、指挛、胁痛、热病汗不出、糖尿病、瘛疭、惊风、疟疾等	两手托天理三焦、调理脾胃须单举、五劳七伤往后瞧、攒拳怒目增气力	腕骨穴	手掌尺侧, 当第 5 掌骨基底与钩骨之间, 赤白肉际凹陷处
5	阳谷	明目安神、通经活络、清热散风。主治: 头痛目眩、目赤肿痛、耳鸣耳聋、齿痛颔肿、腕关节疾患、癫痫、癫狂等	两手托天理三焦、调理脾胃须单举、五劳七伤往后瞧、攒拳怒目增气力	阳谷穴	手腕尺侧, 当尺骨茎突与三角骨之间的凹陷处
6	养老	清头明目、充养阳气、舒筋活络。主治: 心肌梗塞、脑血栓、呃逆、急性腰扭伤、老花眼、手痛、面痛、肩臂部神经痛、落枕、半身不遂、近视眼、目视不明、眼球出血等	两手托天理三焦、调理脾胃须单举、五劳七伤往后瞧、攒拳怒目增气力	养老穴	前臂伸侧, 腕后 1 寸, 以掌向胸时, 当尺骨茎突桡侧缘上方之骨缝中
7	支正	安神定志, 清热解表, 通经活络。主治: 头痛、目眩、项强、颔肿、肘挛、指痛、癫狂、热病、肘臂酸痛、消渴等	两手托天理三焦、调理脾胃须单举、五劳七伤往后瞧、攒拳怒目增气力	支正穴	前臂背面尺侧, 当阳谷与小海的连线上, 腕背横纹上 5 寸

8	小海	生发小肠之气。主治：治疗头痛、项强、耳鸣、颊肿、肘臂痛、瘰疬、癫痫等	两手托天理三焦、左右开弓似射雕、调理脾胃须单举、五劳七伤往后瞧、攒拳怒目增气力	小海穴	肘内侧，当尺骨鹰嘴与肱骨内上髁之间凹陷处
9	肩贞	清头聪耳、通经活络。主治：肩臂疼痛，上肢不遂；瘰疬	两手托天理三焦、左右开弓似射雕、调理脾胃须单举、五劳七伤往后瞧、攒拳怒目增气力	肩贞穴	肩关节后下方，腋后纹头直上1寸
10	臑俞	臑俞，舒筋利节主治：上肢不遂、肩周炎；瘰疬	两手托天理三焦、左右开弓似射雕、调理脾胃须单举、五劳七伤往后瞧、双手攀足固肾腰	臑俞穴	肩部，当腋后纹头直上，肩胛冈下缘凹陷中
11	天宗	舒筋活络、理气消肿。主治：肩胛疼痛，肩背部损伤；乳痈，乳癖；咳嗽，气喘	两手托天理三焦、左右开弓似射雕、调理脾胃须单举、五劳七伤往后瞧、双手攀足固肾腰	天宗穴	肩胛冈中点与肩胛骨下角连线上1/3与下2/3交点凹陷中
12	秉风	散风活络、止咳化痰。主治：肩臂疼痛、肩胛痛、肩周炎、上肢酸麻、支气管炎等	两手托天理三焦、左右开弓似射雕、调理脾胃须单举、五劳七伤往后瞧、双手攀足固肾腰	秉风穴	肩胛部，冈上窝中央，天宗穴直上，举臂有凹陷处
13	曲垣	舒筋活络、疏风止痛。主治：肩背疼痛，颈项强急，冈上肌腱炎，肩胛部拘挛疼痛，肩关节周围软组织疾病	两手托天理三焦、左右开弓似射雕、调理脾胃须单举、五劳七伤往后瞧、双手攀足固肾腰	曲垣穴	肩胛骨内上侧，当臑俞穴与第2胸椎棘突连线的中点处
14	肩外俞	舒筋活络、祛风止痛。主治：落枕、肩背酸痛、颈椎病、颈项强急、肘臂冷痛、肌肉酸痛等	两手托天理三焦、左右开弓似射雕、调理脾胃须单举、五劳七伤往后瞧、双手攀足固肾腰	肩外俞穴	背部，当第1胸椎棘突下，旁开3寸
15	肩中俞	舒筋活络、止咳平喘。主治：咳嗽，气喘；肩背疼痛	两手托天理三焦、左右开弓似射雕、调理脾胃须单举、两手攀足固肾腰	肩中俞穴	背部，当第7颈椎棘突下，旁开2寸
16	天窗	疏散内热。主治：耳鸣、耳聋、咽喉肿痛、颈项强痛、暴喑等	两手托天理三焦、左右开弓似射雕、五劳七伤往后瞧、摇头摆尾去心火、两手攀足固肾腰	天窗穴	颈外侧部，胸锁乳突肌后缘，与喉结相平

| 17 | 天容 | 清热利咽，消肿降逆。主治：耳鸣，耳聋，咽喉肿痛，颈项强痛 | 两手托天理三焦、左右开弓似射雕、五劳七伤往后瞧、摇头摆尾去心火、两手攀足固肾腰 | 天容穴 | 颈外侧部，下颌角后方，胸锁乳突肌前缘凹陷中 |

八段锦足太阳膀胱经关键腧穴速查

序号	腧穴名称	主要功能	八段锦动作速查	图示	备注
1	天柱	祛风解表，清利头目，舒筋活络，强筋骨。主治：头痛，眩晕，目赤肿痛，目视不明，鼻塞；项强，肩背痛；癫狂痫	两手托天理三焦、调理脾胃须单举、两手攀足固肾腰、摇头摆尾去心火、两手攀足固肾腰	天柱穴	颈后区，横平第2颈椎棘突上际，斜方肌外缘凹陷中（后发际正中直上0.5寸，斜方肌外缘凹陷中）
2	大杼	清热除燥。主治：头痛、肩背痛；咳嗽痰多、发热	两手托天理三焦、调理脾胃须单举、两手攀足固肾腰、摇头摆尾去心火、两手攀足固肾腰	大杼	背部，第1胸椎棘突下，旁开1.5寸
3	风门	宣肺解表，益气固表。主治：颈项强痛，肩背痛；感冒、咳嗽、发热、头痛等外感病证	两手托天理三焦、调理脾胃须单举、两手攀足固肾腰、摇头摆尾去心火、两手攀足固肾腰	风门穴	第2胸椎棘突下，后正中线旁开1.5寸
4	肺俞	宣肺解表，清热理气。主治：咳嗽、气喘、咯血等肺疾；瘾疹、瘙痒等皮肤病；骨蒸潮热，盗汗	两手托天理三焦、左右开弓似射雕、调理脾胃须单举、两手攀足固肾腰、摇头摆尾去心火、两手攀足固肾腰	肺俞穴	第3胸椎棘突下，后正中线旁开1.5寸
5	厥阴俞	外泄心包之热。主治：咳嗽、呕吐、胸闷；心跳过速、心律不齐、心绞痛、风湿性心脏病；治失眠、肋间神经痛等	两手托天理三焦、左右开弓似射雕、调理脾胃须单举、两手攀足固肾腰、摇头摆尾去心火、两手攀足固肾腰	厥阴俞穴	第四胸椎棘突下旁开1.5寸处
6	心俞	宁心安神，宽胸理气，调血通络。主治：冠心病，心绞痛，风湿性心脏病，心房纤颤，心动过速；失眠，神经衰弱，肋间神经痛，精神分裂症，癫痫，癔病；胃出血，食道狭窄，背部软组织损伤等	两手托天理三焦、调理脾胃须单举、左右开弓似射雕、摇头摆尾去心火、两手攀足固肾腰	心俞穴	背部，当第5胸椎棘突下，脊柱旁开1.5寸

7	督俞	宽胸理气、强心通脉。主治：心痛，胸闷，心动过速，心绞痛，冠心病；肠鸣，呃逆，腹胀，腹痛；膈肌痉挛，皮肤瘙痒症	两手托天理三焦、调理脾胃须单举、左右开弓似射雕、摇头摆尾去心火、两手攀足固肾腰		背部，当第6胸椎棘突下，旁开1.5寸
8	膈俞	养血和营、理气宽胸、活血通脉。主治：咳血、吐血、呕血；心绞痛、心肌梗塞、头晕目眩，以及贫血、血小板减少、血液系统疾病、出血性疾患；呃逆；皮肤病，如荨麻疹等	两手托天理三焦、调理脾胃须单举、左右开弓似射雕、摇头摆尾去心火、两手攀足固肾腰		背部，当第七胸椎棘突下，旁开1.5寸
9	肝俞	疏肝利胆，理气明目。主治：脊背痛、胁痛、黄疸等肝胆病证；目赤肿痛、视物模糊、迎风流泪、夜盲等目疾；癫狂痫	两手托天理三焦、调理脾胃须单举、左右开弓似射雕、摇头摆尾去心火、两手攀足固肾腰		第9胸椎棘突下，后正中线旁开1.5寸
10	胆俞	疏肝利胆，清热化湿。主治：脊背痛；黄疸、口苦、胁痛等肝胆病证；肺痨、潮热	两手托天理三焦、调理脾胃须单举、左右开弓似射雕、摇头摆尾去心火、两手攀足固肾腰		第10胸椎棘突下，后正中线旁开1.5寸
11	脾俞	健脾统血，益气和胃，化湿祛痰。主治：背痛，腹胀、纳呆、呕吐、腹泻、痢疾等脾胃肠腑病证；水肿、黄疸	两手托天理三焦、调理脾胃须单举、左右开弓似射雕、摇头摆尾去心火、两手攀足固肾腰		第11胸椎棘突下，后正中线旁开1.5寸
12	胃俞	和胃健脾、理中降逆。主治：背痛；胃脘痛、呕吐、腹胀、肠鸣等	两手托天理三焦、调理脾胃须单举、左右开弓似射雕、摇头摆尾去心火、两手攀足固肾腰		背部，当第12胸椎棘突下，旁开1.5寸
13	三焦俞	疏调三焦，通利水道。主治：肠鸣、腹胀、腹泻、痢疾等脾胃肠腑病证；小便不利、水肿等三焦气化不利；腰背强痛	两手托天理三焦、调理脾胃须单举、左右开弓似射雕、摇头摆尾去心火、两手攀足固肾腰		腰部，当第1腰椎棘突下，旁开1.5寸
14	肾俞	温补元阳，益肾强腰，健脾益气，利水祛湿。主治：腰痛；遗尿、遗精、阳痿、月经不调、带下等生殖泌尿系疾患；耳聋，耳鸣	两手托天理三焦、调理脾胃须单举、左右开弓似射雕、摇头摆尾去心火、两手攀足固肾腰		腰部，当第2腰椎棘突下，旁开1.5寸

15	气海俞	调和气血、强壮腰脊。主治：肠鸣腹胀；痛经；腰痛	两手托天理三焦、调理脾胃须单举、左右开弓似射雕、摇头摆尾去心火、两手攀足固肾腰		腰部，当第3腰椎棘突下，旁开1.5寸
16	大肠俞	理气降逆、调和肠胃。主治：腰腿痛；腹胀、腹泻、便秘等肠腑病证	两手托天理三焦、调理脾胃须单举、左右开弓似射雕、摇头摆尾去心火、两手攀足固肾腰		第4腰椎棘突下，后正中线旁开1.5寸
17	关元俞	外散小腹内部之热。主治：腰痛、腹胀、痢疾、遗精、膀胱炎、小便频数或不利、消渴、泄泻等	两手托天理三焦、调理脾胃须单举、左右开弓似射雕、摇头摆尾去心火、两手攀足固肾腰		腰部，当第5腰椎棘突下，旁开1.5寸
18	小肠俞	通调肠腑，清利湿热。主治：遗精、遗尿、尿血、尿痛、带下；腹泻、痢疾；腰骶痛	摇头摆尾去心火、两手攀足固肾腰		骶部，当骶正中嵴旁1.5寸，平第一骶后孔
19	膀胱俞	清热利湿，温补脾肾，舒经活络。主治：小便不利，遗尿等膀胱气化功能失调等证；腰骶痛；腹泻、便秘	摇头摆尾去心火、两手攀足固肾腰		骶部，当骶正中嵴旁1.5寸，平第二骶后孔
20	中膂俞	益肾温阳、益气壮阳、调理下焦。主治：腹泻、疝气、痢疾、坐骨神经痛、腰骶痛等	摇头摆尾去心火、两手攀足固肾腰、背后七颠百病消		当骶正中嵴旁1.5寸，平第三骶后孔
21	白环俞	调理经带、益肾固精主治：腹满，小便不利；腰脊强痛，腿足挛痛；疗腰肌劳损、腓肠肌痉挛	摇头摆尾去心火、两手攀足固肾腰、背后七颠百病消		骶部，当骶正中嵴旁1.5寸，平第四骶后孔
22	八髎穴	疏导水液，健脾除湿。主治：大小便不利，月经不调，带下，阴挺，遗精，阳萎，腰痛等	摇头摆尾去心火、两手攀足固肾腰、背后七颠百病消		第一、二、三、四骶后孔中

23	会阳	清热利湿、理气升阳。主治：泄泻、阳痿、痔疮、便血、痢疾、带下；坐骨神经痛、淋病、阴部神经性皮炎	摇头摆尾去心火、两手攀足固肾腰、背后七颠百病消		骶部，尾骨端旁开 0.5 寸
24	承扶	通便消痔，舒筋活络。主治：腰、骶、臀、股部疼痛；痔疾	两手攀足固肾腰、背后七颠百病消		臀部横纹线的中央下方
25	殷门	舒筋通络，强腰膝。主治：精神神经系统疾病；坐骨神经痛，下肢麻痹，小儿麻痹后遗症；腰背痛，股部炎症	两手攀足固肾腰、背后七颠百病消		大腿后面，当承扶与委中的连线上，承扶下 6 寸
26	浮郄	舒筋活血，养血安神。主治：股腘部疼痛、麻木；便秘	两手攀足固肾腰、背后七颠百病消		膝后区，腘横纹上 1 寸，股二头肌腱的内侧缘
27	委阳	益气补阳、通利三焦、舒筋活络。主治：腹满，小便不利；腰脊强痛，腿足挛痛	两手攀足固肾腰、背后七颠百病消		腘横纹外侧端，当股二头肌腱的内侧
28	委中	清热凉血、舒筋通络、祛除风湿。主治：腰背痛、下肢痿痹等腰及下肢病证；腹痛，急性吐泻；小便不利，遗尿，丹毒	两手攀足固肾腰、背后七颠百病消		腘横纹中点，当股二头肌腱与半腱肌肌腱的中间
29	附分	舒筋活络，疏风散邪。主治：颈项强痛，肩背拘急，肘臂麻木，肺炎，感冒	两手托天理三焦、左右开弓似射雕、调理脾胃须单举、五劳七伤往后瞧		背部，当第 2 胸椎棘突下，旁开 3 寸

30	魄户	理气降逆，舒筋活络。主治：肩背痛、颈项强痛、咳嗽、气喘、肺痨、虚劳	两手托天理三焦、左右开弓似射雕、调理脾胃须单举、五劳七伤往后瞧		背部，当第3胸椎棘突下，旁开3寸
31	膏肓	散热排脂。主治：咳嗽、气喘、肺痨	两手托天理三焦、左右开弓似射雕、调理脾胃须单举、五劳七伤往后瞧		第4胸椎棘突下，旁开3寸
32	神堂	宽胸理气、宁心安神。主治：脊骨疼痛、胸闷、胸腹胀满、咳嗽、气喘等	两手托天理三焦、调理脾胃须单举、左右开弓似射雕、摇头摆尾去心火、两手攀足固肾腰		背部，当第5胸椎棘突下，旁开3寸
33	譩譆	宣肺理气，通络止痛。主治：大风汗出、咳嗽、气喘、疟疾、热病、肩背痛	两手托天理三焦、调理脾胃须单举、左右开弓似射雕、摇头摆尾去心火、两手攀足固肾腰		背部，当第6胸椎棘突下，旁开3寸
34	膈关	宽胸理气，和胃降逆。主治：胸闷，嗳气，呕吐，脊背强痛	两手托天理三焦、调理脾胃须单举、左右开弓似射雕、摇头摆尾去心火、两手攀足固肾腰		背部，当第7胸椎棘突下，旁开3寸
35	魂门	疏肝理气，降逆和胃。主治：胸胁胀痛，脊背疼痛，呕吐	两手托天理三焦、调理脾胃须单举、左右开弓似射雕、摇头摆尾去心火、两手攀足固肾腰		背部，当第9胸椎棘突下，旁开3寸
36	阳纲	散热降火。主治：肠鸣，泄泻，腹痛；黄疸，消渴	两手托天理三焦、调理脾胃须单举、左右开弓似射雕、摇头摆尾去心火、两手攀足固肾腰		背部，当第10胸椎棘突下，旁开3寸
37	意舍	健脾和胃，利胆化湿。主治：脾、胃、脊背等疾患	两手托天理三焦、调理脾胃须单举、左右开弓似射雕、摇头摆尾去心火、两手攀足固肾腰		背部，当第11胸椎棘突下，旁开3寸

38	胃仓	调胃和中、祛湿消积。主治：腹痛、痞块、便秘；乳疾	两手托天理三焦、调理脾胃须单举、左右开弓似射雕、摇头摆尾去心火、两手攀足固肾腰		第12胸椎棘突下，旁开3寸
39	肓门	理气和胃、清热消肿。主治：腹痛、便秘、乳疾、痞块	两手托天理三焦、调理脾胃须单举、左右开弓似射雕、摇头摆尾去心火、两手攀足固肾腰		腰部，当第1腰椎棘下，旁开3寸
40	志室	益肾固精、清热利湿、强壮腰膝。主治：食不消，小腹痛，霍乱吐泻，水肿，大便难，遗尿，小便不利，腰脊强痛，头昏目眩，耳鸣耳聋	两手托天理三焦、调理脾胃须单举、左右开弓似射雕、摇头摆尾去心火、两手攀足固肾腰		当第2腰椎棘突下，旁开3寸
41	胞肓	积脂散热。主治：前阴、腰骶部等疾患	两手托天理三焦、调理脾胃须单举、左右开弓似射雕、摇头摆尾去心火、两手攀足固肾腰		臀部，平第2骶后孔，骶正中嵴旁开3寸
42	秩边	舒经活络、强健腰膝、调理下焦。主治：二便、腰腿等疾患	左右开弓似射雕、摇头摆尾去心火、两手攀足固肾腰		臀部，平第4骶后孔，骶正中嵴旁开3寸
43	合阳	疏经活络、祛风除湿。主治：腰脊强痛，下肢痿痹；疝气；崩漏	两手托天理三焦、调理脾胃须单举、左右开弓似射雕、摇头摆尾去心火、两手攀足固肾腰		小腿后面，当委中与承山的连线上，委中下2寸
44	承筋	舒筋活络、强健腰膝、清泄肠热。主治：便秘、腰背痛、小腿痛、下肢麻痹、坐骨神经痛、痔疾、腰腿拘急疼痛、急性腰扭伤等	左右开弓似射雕、攒拳怒目增气力、摇头摆尾去心火、背后七颠百病消		腓肠肌肌腹中央，委中下5寸
45	承山	理气止痛、舒筋活络。主治：腰腿拘急，足跟痛；痔疾，便秘	左右开弓似射雕、攒拳怒目增气力、摇头摆尾去心火、背后七颠百病消		腓肠肌两肌腹与肌腱的交角处

46	飞扬	舒筋活络、散风解表、安神定志。主治：头痛、眩晕；缓解颈项痛、腰膝酸痛；辅助治疗痔疾、脚气	左右开弓似射雕、攒拳怒目增气力、背后七颠百病消		外踝尖与跟腱水平连线的中点向上7寸，腓骨后缘处
47	跗阳	吸热化湿。主治头痛，腰骶痛，下肢痿痹，外踝肿痛	左右开弓似射雕、攒拳怒目增气力、摇头摆尾去心火、背后七颠百病消		小腿后面，外踝后，昆仑穴直上3寸
48	昆仑	舒筋活络，安神清热。主治：头痛、目眩、项强、鼻衄、腰痛、足跟痛；癫痫；难产	背后七颠百病消		外踝尖与跟腱之间的凹陷中
49	仆参	散热化气。主治：脚气、足跟痛、腰痛、下肢痿痹、膝关节炎、牙龈脓肿、踝关节炎、癫痫等	背后七颠百病消		足部外侧，外踝后下方，昆仑穴直下，跟骨外侧，赤白肉际处
50	申脉	清热安神，通经活络。主治：头痛、眩晕、癫狂痫、腰腿酸痛、目赤痛、失眠	背后七颠百病消		足外侧部，外踝直下方凹陷中
51	京骨	清热散风，宁心安神。主治头痛、眩晕、目赤目翳、鼻塞鼻衄、背寒、脊强、半身不遂、寒湿脚气、癫狂、痫症；便血、疟疾	背后七颠百病消		跖区，第5跖骨粗隆前下方，赤白肉际处
52	金门	安神定惊，舒筋通络。主治：头痛、眩晕；腰痛、腰膝痛、下肢痿痹、外踝痛等	背后七颠百病消		足外侧部，外踝直下方凹陷中
53	束骨	通经活络、清头明目主治头目、腰背、下肢等疾患	背后七颠百病消		足外侧，足小趾本节（第5跖趾关节）的后方，赤白肉际处
54	足通谷	清热安神，清头明目。主治：头痛、项强、目眩、鼻衄、癫狂	背后七颠百病消		足外侧，足小趾本节（第5跖趾关节）的前方，赤白肉际处
55	至阴	开窍苏厥、散热生气、理气活血、正胎催产、清头明目。主治：头面、腰膝、胎产等疾患	左右开弓似射雕、摇头摆尾去心火、攒拳怒目增气力、背后七颠百病消		足小趾末节外侧，距趾甲角0.1寸

111

八段锦足少阴肾经关键腧穴速查

序号	腧穴名称	主要功能	八段锦动作速查	图示	备注
1	涌泉	清热开窍、通经活络、安神定志、回阳救逆。主治：足心热；咽喉肿痛、舌干、失音；便秘、小便不利；昏厥、中暑、小儿惊风、癫狂痫等急症及神志病证；头痛、眩晕、失眠	抱球桩、两手托天理三焦、左右开弓似射雕、摇头摆尾去心火、攒拳怒目增气力、背后七颠百病消	涌泉穴	足掌部，当足部五趾内卷时，足前部的凹陷处
2	然谷	益气固肾，清热利湿。主治：妇科、前阴、脾胃等疾患	背后七颠百病消	然谷穴	足内侧缘，足舟粗隆下方，赤白肉际
3	太溪	滋阴降火、补肾调经、安神开窍、调经利湿。主治：月经不调、阴挺、阴痒、遗精、阳痿；咽喉肿痛、齿痛、耳聋、耳鸣；腰脊痛、下肢冷痛、足跟痛	背后七颠百病消	太溪穴	足内侧，内踝后方，当内踝尖与跟腱之间的凹陷处
4	大钟	益肾平喘，调理二便。主治：神经衰弱、精神病、痴呆、癔病；尿潴留、淋病；哮喘、咽痛、咳血、足跟痛、便秘、口腔炎、食道狭窄、疟疾等	背后七颠百病消	大钟穴	足内侧，内踝后下方，当跟腱附着部的内侧前方凹陷处
5	水泉	传递水液。主治疾病：月经不调、痛经、阴挺、小便不利、目昏花、腹痛	背后七颠百病消	水泉穴	足内侧，内踝后下方，当太溪穴直下1寸，跟骨结节的内侧凹陷处
6	照海	滋肾利水，调理冲任，开窍安神。主治：咽喉干燥、痫证、失眠嗜卧、目赤肿痛；疝气、小便频数、脚气等	背后七颠百病消	照海穴	足内侧，内踝尖下方凹陷处
7	阴谷	益肾调经，理气止痛。主治：阳痿、疝气痛、月经不调、崩漏、小便难、阴中痛、癫狂、膝股内侧痛；肾炎、尿路感染、阴道炎、阴部瘙痒、子宫出血、癫痫、精神分裂症	左右开弓似射雕、两手攀足固肾腰	阴谷穴	腘窝内侧，屈膝时，当半腱肌肌腱与半膜肌肌腱之间
8	横骨	益肾填精，通利下焦。主治：少腹胀痛、疝气；小便不利、遗尿、遗精、阳痿	左右开弓似射雕、两手攀足固肾腰	神阙穴 肓俞穴 曲骨穴 横骨穴	下腹部，脐下5寸，前正中线旁开0.5寸

9	神封	宽胸理肺，降逆止呕。主治：咳嗽、气喘、胸胁支满；心动过速；腹直肌痉挛等	左右开弓似射雕、两手攀足固肾腰	神封穴	胸部，当第4肋间隙，前正中线旁开2寸
10	灵墟	主治病症：咳嗽、气喘、痰多；胸胁胀痛、乳痈；呕吐	两手托天理三焦、左右开弓似射雕、两手攀足固肾腰	灵墟穴	胸部，当第3肋间隙，前正中线旁开2寸
11	神藏	宽胸理气，降逆平喘。主治：咳嗽、气喘、胸痛；烦满、呕吐、不嗜食	两手托天理三焦、左右开弓似射雕、两手攀足固肾腰	神藏穴	第2肋间隙，前正中线旁开2寸
12	彧中	生气壮阳。主治：咳嗽气喘、呕吐、胸痛、不嗜食	两手托天理三焦、左右开弓似射雕、两手攀足固肾腰	彧中穴	胸部，当第1肋间隙，前正中线旁开2寸
13	俞府	止咳平喘，和胃降逆。主治：咳嗽、气喘、胸痛、呕吐、纳差	两手托天理三焦、左右开弓似射雕、两手攀足固肾腰	俞府穴	胸部，当锁骨下缘，前正中线旁开2寸

八段锦手厥阴心包经关键腧穴速查

序号	腧穴名称	主要功能	八段锦动作速查	图示	备注
1	天池	活血，理气，化痰，散结。主治：咳嗽，气喘；乳痈；胸闷，胁肋胀痛等	抱球桩、两手托天理三焦、左右开弓似射雕、调理脾胃须单举、五劳七伤往后瞧、两手攀足固肾腰、攒拳怒目增气力	天池穴	胸部，当第四肋间隙，乳头外1寸，前正中线旁开5寸
2	天泉	活血通脉，理气止痛。主治：心痛，咳嗽，胸胁胀痛；臂痛	抱球桩、两手托天理三焦、左右开弓似射雕、调理脾胃须单举、五劳七伤往后瞧、两手攀足固肾腰、攒拳怒目增气力	天泉穴 天府穴 侠白穴 青灵穴	在臂内侧，当腋前纹头下2寸，肱二头肌的长、短头之间

113

3	曲泽	清心泻火，调理肠胃。主治：心痛，心悸；热病，中暑；胃痛，呕吐，泄泻；肘臂疼痛	抱球桩、两手托天理三焦、左右开弓似射雕、调理脾胃须单举、五劳七伤往后瞧、两手攀足固肾腰、攒拳怒目增气力	曲泽穴	在肘横纹中，当肱二头肌腱的尺侧缘
4	郄门	宁心安神，清营止血。主治：心痛，心悸；疔疮，癫痫；呕血，咳血	抱球桩、两手托天理三焦、左右开弓似射雕、调理脾胃须单举、五劳七伤往后瞧、两手攀足固肾腰、攒拳怒目增气力	郄门穴	前臂掌侧，当曲泽与大陵的连线上，腕横纹上5寸。掌长肌腱与桡侧腕屈肌腱之间
5	间使穴	宁神解郁，和胃降逆。主治心痛，惊悸，胃痛，呕吐，热病烦躁，胸痛，疟疾，癫狂，痫症，肘挛，臂痛等	抱球桩、两手托天理三焦、左右开弓似射雕、调理脾胃须单举、五劳七伤往后瞧、两手攀足固肾腰、攒拳怒目增气力	间使穴	前臂掌侧，腕横纹上3寸，掌长肌腱与桡侧腕屈肌腱之间
6	内关	益心气，清神志，调肠胃，理经血。主治：心痛，心悸；癫狂痫，热病，疟疾；胃痛，呕吐；肘臂痛	抱球桩、两手托天理三焦、左右开弓似射雕、调理脾胃须单举、五劳七伤往后瞧、两手攀足固肾腰、攒拳怒目增气力	内关穴	前臂掌侧，当曲泽与大陵的连线上，腕横纹上3寸。掌长肌腱与桡侧腕屈肌腱之间
7	大陵	宁心安神，调肠胃，和营血，通经络。主治：心痛，心悸，癫狂，疮疡；胃痛，呕吐；手腕麻痹，胸胁胀痛	抱球桩、两手托天理三焦、左右开弓似射雕、调理脾胃须单举、五劳七伤往后瞧、两手攀足固肾腰、攒拳怒目增气力	大陵穴	腕掌横纹的中点处，当掌长肌腱与桡侧腕屈肌腱之间
8	劳宫	开窍泄热，清心安神，和胃调营。主治：口疮，口臭，鼻衄；癫痫狂，中风昏迷，中暑；心痛，呕吐	抱球桩、两手托天理三焦、左右开弓似射雕、调理脾胃须单举、五劳七伤往后瞧、两手攀足固肾腰、攒拳怒目增气力	劳宫穴	掌心，当第二、三掌骨之间偏于第三掌骨，握拳屈指时中指尖处
9	中冲	开窍苏厥，清心泄热。主治：中风昏迷，中暑，小儿惊风，热病，心烦，心痛，舌强肿痛	抱球桩、两手托天理三焦、左右开弓似射雕、调理脾胃须单举、五劳七伤往后瞧、两手攀足固肾腰、攒拳怒目增气力	中冲穴	手中指末节尖端中央

序号	腧穴名称	主要功能	八段锦动作速查	图示	备注
1	关冲	活血通络、清热解郁、回阳开窍。主治：热病，昏厥；头痛、目赤、耳聋、喉痹	抱球桩、两手托天理三焦、左右开弓似射雕、调理脾胃须单举、五劳七伤往后瞧、攒拳怒目增力气	关冲穴	无名指尺侧指甲旁0.1寸
2	液门	降浊升清。主治：头痛，目赤、耳痛、耳鸣、耳聋、喉痹，疟疾，手臂痛	抱球桩、两手托天理三焦、左右开弓似射雕、调理脾胃须单举、五劳七伤往后瞧、攒拳怒目增力气	液门穴	手背部，当第4、5指间，指蹼缘后方赤白肉际处
3	中渚	清热疏风、舒筋活络。主治：头痛、目赤、耳聋、耳鸣、咽喉肿痛、手臂红肿疼痛	抱球桩、两手托天理三焦、左右开弓似射雕、调理脾胃须单举、五劳七伤往后瞧、攒拳怒目增力气	中渚穴	手背部，第4、5掌骨间凹陷处
4	阳池	行阳益气，益气增液，温阳通络。主治：腕痛、肩臂痛、耳聋、疟疾、消渴、口干、喉痹	抱球桩、两手托天理三焦、左右开弓似射雕、调理脾胃须单举、五劳七伤往后瞧、攒拳怒目增力气	阳池穴	腕背横纹中，当指伸肌腱的尺侧缘凹陷处
5	外关	联络气血，补阳益气。主治：头痛、耳鸣、便秘	抱球桩、两手托天理三焦、左右开弓似射雕、调理脾胃须单举、五劳七伤往后瞧、攒拳怒目增力气	外关穴	前臂背侧，手脖子横皱纹向上三指宽处，与正面内关穴相对
6	支沟	清热理气、降逆通便、舒筋活络。主治：耳聋、耳鸣、暴喑、胁肋痛；便秘；瘰疬；热病	抱球桩、两手托天理三焦、左右开弓似射雕、调理脾胃须单举、五劳七伤往后瞧	支沟穴	前臂背侧腕背横纹上3寸，尺骨与桡骨之间
7	会宗	吸湿降浊。主治：耳聋耳鸣、臂痛（气滞喘满、上肢肌肤痛）、癫痫	抱球桩、两手托天理三焦、左右开弓似射雕、调理脾胃须单举、五劳七伤往后瞧	会宗穴	前臂背侧，当腕背横纹上3寸
8	三阳络	舒筋通络，开窍镇痛。主治：上肢痹痛；暴喑、齿痛等五官疾患	抱球桩、两手托天理三焦、左右开弓似射雕、调理脾胃须单举、五劳七伤往后瞧	三阳络穴	前臂背侧，腕背横纹上4寸，尺骨与桡骨之间
9	四渎	去湿降浊、开窍聪耳，清利咽喉。主治：手背疼痛、麻木；耳聋、暴喑、齿痛、头痛	抱球桩、两手托天理三焦、左右开弓似射雕、调理脾胃须单举、五劳七伤往后瞧	四渎穴	前臂背侧，当阳池与肘尖的连线上，肘尖下5寸，尺骨与桡骨之间

10	天井	行气散结，安神通络。主治：偏头痛、胁肋痛、颈项痛、肩臂痛；耳鸣耳聋、瘰疬、瘿气、癫痫	抱球桩、两手托天理三焦、左右开弓似射雕、调理脾胃须单举、攒拳怒目增气力		在臂外侧，屈肘时，当肘尖直上1寸凹陷处
11	清冷渊	疏散风寒，通经止痛。主治：头痛、目痛、胁痛、肩臂痛	抱球桩、两手托天理三焦、左右开弓似射雕、调理脾胃须单举、五劳七伤往后瞧、攒拳怒目增气力		在臂后区，肘尖与肩峰角连线上，肘尖上2寸
12	消泺	清热安神，活络止痛。主治：寒热、头痛、齿痛、头晕、颈项强急、肩背拘急、肩周炎	抱球桩、两手托天理三焦、左右开弓似射雕、调理脾胃须单举、五劳七伤往后瞧、攒拳怒目增气力		臂外侧，当清冷渊与臑会连线的中点处
13	臑会	降浊除湿。主治：肩臂痛、上肢麻痹、瘿气、瘰疬、目疾、肩胛肿痛	抱球桩、两手托天理三焦、左右开弓似射雕、调理脾胃须单举、五劳七伤往后瞧、两手攀足固肾腰、攒拳怒目增气力		臂外侧，当肘尖与肩髎穴的连线上，肩髎穴下3寸，三角肌的后下缘
14	肩髎	祛风湿，通经络。主治：臂痛、肩重不能举	抱球桩、两手托天理三焦、左右开弓似射雕、调理脾胃须单举、五劳七伤往后瞧		肩部，肩髃后方，当臂外展时，于肩峰后下方呈现凹陷处
15	天髎	收引天部湿浊。主治：颈项强痛、缺盆中痛、肩臂痛、胸中烦满、热病无汗、发热恶寒、落枕、冈上肌腱炎、背部疼痛等	两手托天理三焦、左右开弓似射雕、调理脾胃须单举、五劳七伤往后瞧		肩胛部，肩井穴与曲垣穴的中间，当肩胛骨上角处
16	天牖	明目利窍通关，祛风清热活络。主治：头痛、项强、头晕、目痛、耳聋等头面五官疾患；瘰疬	两手托天理三焦、左右开弓似射雕、调理脾胃须单举、五劳七伤往后瞧		颈侧部，当乳突的后方直下，平下颌角，胸锁乳突肌的后缘

八段锦足少阳胆经关键腧穴速查

序号	腧穴名称	主要功能	八段锦动作速查	图示	备注
1	风池	平肝熄风、祛风解毒、通利官窍。主治：颈项强痛；中风、癫痫、头痛、眩晕、耳鸣等内风所致的病证；感冒、鼻塞、鼽衄、目赤肿痛等外风所致的病证	两手托天理三焦、左右开弓似射雕、调理脾胃须单举、五劳七伤往后瞧、摇头摆尾去心火、两手攀足固肾腰	风池穴	头部，枕骨下斜方肌与胸锁乳突肌之间的凹陷中
2	肩井	祛风清热、活络消肿等功效。主治：颈项强痛、肩背疼痛、上肢不遂；难产、乳痈、乳癖等妇产科及乳房疾患；瘰疬	两手托天理三焦、左右开弓似射雕、调理脾胃须单举、五劳七伤往后瞧、摇头摆尾去心火、两手攀足固肾腰	肩井穴	第7颈椎棘突与肩峰最外侧点连线的中点
3	渊腋	宽胸理气、活络止痛。主治：胸满、腋肿、胁痛、瘰疬、臂痛不举、胸满马刀、上肢痹痛、口苦、腋下肿；肋间神经痛、胸膜炎、颈或淋巴结结核、胸胁满痛、肩臂痛、腋窝淋巴结炎	两手托天理三焦、左右开弓似射雕、调理脾胃须单举、五劳七伤往后瞧、摇头摆尾去心火、两手攀足固肾腰	渊腋穴	侧胸部，举臂，当腋中线上，腋下3寸，第4肋间隙中
4	辄筋	舒肝和胃，平喘降逆。主治：胸肋痛、喘息、呕吐、吞酸、腋肿、肩臂痛	两手托天理三焦、左右开弓似射雕、调理脾胃须单举、五劳七伤往后瞧、摇头摆尾去心火、两手攀足固肾腰	辄筋穴	侧胸部，渊腋前1寸，平乳头，第4肋间隙中
5	日月	疏肝利胆，化湿和中。主治：呕吐、吞酸、呃逆、黄疸、胁肋疼痛；胃脘痛	两手托天理三焦、调理脾胃须单举	日月穴	上腹部，当乳头直下，第7肋间隙，前正中线旁开4寸
6	京门	益气壮阳，健脾通淋，温阳益肾。主治：小便不利、水肿；胁痛、腰痛；腹胀、泄泻、肠鸣、呕吐	两手托天理三焦、调理脾胃须单举、攒拳怒目增气力	京门穴	侧腰部，章门后1.8寸，当第12肋骨游离端的下方
7	带脉	主治：月经不调、带下、经闭、小腹痛、腰胁痛、下肢无力；膀胱炎、睾丸炎	攒拳怒目增气力、摇头摆尾去心火	带脉穴	侧腹部，章门下1.8寸，当第11肋骨游离端下方垂线与脐水平线的交点上

8	五枢	调经止带、调理下焦。主治：五枢穴主治腰腹、前阴等疾患	摇头摆尾去心火		侧腹部，当髂前上棘的前方，横平脐下3寸处
9	维道	利水消肿、调经止带、健脾和胃。主治：带下、月经不调、阴挺、小腹痛等妇科病证；腰胯痛	摇头摆尾去心火		当髂前上棘的前方，五枢穴前下0.5寸
10	居髎	利湿化气、舒筋活络，益肾强健、舒筋络、强腰膝、利膀胱。主治：腰胯疼痛、下肢痿痹等腰腿病证；疝气	摇头摆尾去心火		髋部，当髂前上棘与股骨大转子最凸点连线的中点处
11	环跳	疏经通络，活血化瘀，强筋止痛。主治：腰胯痛、腿膝痹痛、冷风湿痹、风疹、中风半身不遂、水肿	左右开弓似射雕、摇头摆尾去心火、两手攀足固肾腰		臀区，股骨大转子最凸点与骶管裂孔连线的外1/3与2/3交点处
12	风市	运化水湿、祛风化湿、通经活络、风市穴有祛风寒，强筋骨。主治：常用于半身不遂、下肢痿痹、股外侧皮神经痛、腰病及脚气的治疗和保健	左右开弓似射雕、摇头摆尾去心火、两手攀足固肾腰		大腿外侧中线上，髌底上7寸处
13	中渎	祛风散寒、舒筋活络。主治：下肢麻痹、坐骨神经痛、膝关节炎、腓肠肌痉挛；腿膝疼痛、痿痹不仁、半身不遂、中风后遗症	左右开弓似射雕、摇头摆尾去心火、两手攀足固肾腰		大腿外侧，腘横纹上5寸，当股外侧肌与肱二头肌之间（即于风市穴直下2寸处）

14	膝阳关	疏风散寒、舒筋活血。主治：膝肿痛、腘筋挛急、小腿麻木、膝关节炎、下肢瘫痪；膝关节及周围软组织疾患、脚气；股外侧皮神经麻痹、坐骨神经痛	左右开弓似射雕、摇头摆尾去心火、两手攀足固肾腰、攒拳怒目增气力、背后七颠百病消		膝外侧，当股骨外上髁上方的凹陷处
15	阳陵泉	疏肝利胆、舒筋活络，通利关节。主治：半身不遂、下肢痿痹、麻木、膝膑肿痛、脚气、胁肋痛、口苦、呕吐、黄疸、小儿惊风、坐骨神经痛、肝炎、胆囊炎、胆道蛔虫症、膝关节炎、小儿舞蹈病	左右开弓似射雕、摇头摆尾去心火、两手攀足固肾腰、攒拳怒目增气力、背后七颠百病消		小腿外侧，腓骨头前下方凹陷中
16	阳交	疏肝理气降浊，安神定志，通经活血。主治：胸胁、神志和下肢等疾患	攒拳怒目增气力、摇头摆尾去心火、两手攀足固肾腰、背后七颠百病消		小腿外侧，当外踝尖上7寸，腓骨后缘
17	外丘	温胆宁神、通经活血。主治：胸胁胀满、下肢痿痹、癫狂	攒拳怒目增气力、摇头摆尾去心火、两手攀足固肾腰、背后七颠百病消		小腿外侧，当外踝尖上7寸，腓骨后缘
18	光明	疏肝明目，祛风利湿，活络消肿。主治：偏头痛、近视、目痛、夜盲、乳部胀痛、膝痛、小腿酸痛、下肢痿痹、颊肿、癫痫及白内障	攒拳怒目增气力、摇头摆尾去心火、两手攀足固肾腰、背后七颠百病消		小腿外侧，当外踝尖上5寸，腓骨前缘
19	阳辅	化阳益气，清热散风，疏通经络。主治：偏头痛、口苦、腋肿、瘰疬、胸胁痛、腰痛、膝关节酸痛、足冷、下肢痿痹	攒拳怒目增气力、摇头摆尾去心火、两手攀足固肾腰、背后七颠百病消		小腿前外侧，外踝尖上4寸，腓骨前缘，当趾长伸肌与腓骨短肌之间凹陷处
20	悬钟	舒筋活络、清热生气、舒肝益肾。主治：颈项强急、半身不遂、腰腿疼痛、下肢瘫痪、坐骨神经痛、偏头痛、落枕、痴呆、中风、胸腹胀满、脚气	攒拳怒目增气力、摇头摆尾去心火、两手攀足固肾腰、背后七颠百病消		小腿外侧，当外踝尖上3寸，腓骨前缘

21	丘墟	健脾利湿、泄热退黄、舒筋活络。主治：偏头痛、目疾、齿痛、耳聋、咽肿、腋肿、瘰疬、浑身瘙痒、疟疾、疝气、颈项痛、腰膝痛、脚跟痛、足跟痛、下肢痿痹、外踝肿痛、脚气；中风偏瘫	摇头摆尾去心火、两手攀足固肾腰、背后七颠百病消	丘墟穴	足背，外踝前下方，当趾长伸肌腱的外侧，距跟关节间凹陷处
22	足临泣	舒肝熄风、化痰消肿。主治：头目、胸胁及本经脉所过部位的疾患。如头痛、目眩、目赤肿痛、颔痛腮肿、齿痛、耳聋、咽肿、瘰疬、腋下肿、乳肿、胸痹、髀枢痛、膝踝关节痛、足背红肿、咳逆喘息、疟疾、月经不调、胁肋疼痛、遗溺、乳痈、足跗疼痛、偏头痛、目涩、足跗肿痛、乳房胀痛	攒拳怒目增气力、摇头摆尾去心火、两手攀足固肾腰、背后七颠百病消	足临泣穴	足背外侧，当第4、5趾间，趾蹼缘后方赤白肉际处
23	地五会	散风清热、舒肝消肿、通经活络。主治：头痛、目赤痛、耳鸣、耳聋、胸满、胁痛、腋肿、乳痈、跗肿	攒拳怒目增气力、摇头摆尾去心火、两手攀足固肾腰、背后七颠百病消	地五会穴	足背外侧，当足4趾本节（第4趾关节）的后方，第4、5趾骨之间，小趾伸肌腱的内侧缘
24	侠溪	清头目、利胸胁。主治：头痛、眩晕、惊悸、耳鸣、耳聋、目外眦赤痛、颊肿、胸胁痛、膝股痛、足跗肿痛、疟疾	攒拳怒目增气力、摇头摆尾去心火、两手攀足固肾腰、背后七颠百病消	侠溪穴	足背部，第四、五趾缝间，趾蹼缘后方赤白肉际处
25	足窍阴	疏肝解郁，通经活络。主治：头痛、眩晕、目痛、耳鸣、耳聋、喉痹、口干、舌强、舌本出血、热病胁痛、咳逆、烦心、梦魇、手足转筋、肘不得举、痈疽	攒拳怒目增气力、摇头摆尾去心火、两手攀足固肾腰、背后七颠百病消	足窍阴穴	足第4趾末节外侧，距趾甲角0.1寸

八段锦足厥阴肝经关键腧穴速查

序号	腧穴名称	主要功能	八段锦动作速查	图示	备注
1	大敦	调理肝肾、熄风开窍、安神定痫、理血。主治：疝气、遗尿、癃闭、经闭、崩漏、阴挺、痫证；功能性子宫出血、子宫脱垂、精索神经痛、阴茎痛、糖尿病	抱球桩、左右开弓似射雕、攒拳怒目增气力、摇头摆尾去心火、两手攀足固肾腰、背后七颠百病消	大敦穴	足大趾末节外侧，距趾甲角0.1寸（指寸）
2	行间	清肝泻热，凉血安神，熄风活络。主治：中风、癫痫、头痛、目眩、目赤肿痛、青盲、口喝等肝经风热所致病证；月经不调、痛经、崩漏带下等妇科病证；遗尿、癃闭等泌尿系病证；疝气；胸胁胀痛	抱球桩、左右开弓似射雕、攒拳怒目增气力、摇头摆尾去心火、两手攀足固肾腰、背后七颠百病消	行间穴	足背侧，当第一、二趾间，趾蹼缘的后方赤白肉际处
3	太冲	疏肝理气，平肝息风，清热利湿，通络止痛。主治：头痛、眩晕、耳鸣、目赤肿痛、咽喉痛、面瘫等肝经风热证；月经不调、阳痿、遗精、早泄等病证；黄疸、胁痛、腹胀、呕逆、胃痛等肝胃病证；下肢痿痹、足跗肿痛；中风、癫狂痫、失眠；黄褐斑、痤疮等	抱球桩、左右开弓似射雕、攒拳怒目增气力、摇头摆尾去心火、两手攀足固肾腰、背后七颠百病消	太冲穴	足背，第1、第2跖骨间，跖骨结合部前方凹陷中，或触及动脉博动处
4	中封	清泄肝胆，通利下焦，舒筋活络。主治：胸腹胀满、肝炎黄疸、小便不利、遗精尿闭、阴茎痛、尿路感染、疝气、腰足冷痛、踝关节扭伤、下肢痿痹等；疝气、腹痛、黄疸、踝关节扭伤、遗精、尿路感染	抱球桩、左右开弓似射雕、攒拳怒目增气力、摇头摆尾去心火、两手攀足固肾腰、背后七颠百病消	中封穴	足背侧，当足内踝前，商丘与解溪连线之间，胫骨前肌腱的内侧凹陷处
5	蠡沟	舒肝理气，调经止带。主治：胫部酸痛；月经不调、阴痒、阴挺、疝气、睾丸肿痛；子宫内膜炎、子宫脱垂	左右开弓似射雕、攒拳怒目增气力、摇头摆尾去心火、两手攀足固肾腰、背后七颠百病消	蠡沟穴	小腿内侧，当足内踝尖上5寸，胫骨内侧面的中央
6	中都	疏肝理气，消肿止痛，调经通络。主治：两胁痛、腹胀、腹痛、泄泻；恶露不尽；疝气	左右开弓似射雕、攒拳怒目增气力、摇头摆尾去心火、两手攀足固肾腰、背后七颠百病消	中都穴	小腿内侧，当内踝尖上7寸，胫骨内侧面的中央

7	膝关	降浊升清、宣痹通络、散风祛湿，疏通关节。主治：白虎历节、寒湿走注、下肢疼痛、腰腿不便、浑身风疹、透脑疽等	左右开弓似射雕、攒拳怒目增气力、两手攀足固肾腰、背后七颠百病消		小腿内侧，当胫骨内上髁的后下方，阴陵泉后1寸，腓肠肌内侧头的上部
8	曲泉	除湿降浊、清利湿热，通调下焦。主治：月经不调、痛经、带下、阴挺、阴痒、产后腹痛、绝经前后诸症、闭经；遗精、阳痿、疝气；小便不利；膝膑肿痛、下肢痿痹	左右开弓似射雕、攒拳怒目增气力、摇头摆尾去心火、两手攀足固肾腰、背后七颠百病消		膝内侧，屈膝，当膝关节内侧面横纹，股骨内侧髁的后缘，半腱肌、半膜肌止端的前缘凹陷处
9	阴包	调经止痛，利尿通淋。主治：腹痛、遗尿、小便不利、月经不调	左右开弓似射雕、攒拳怒目增气力、摇头摆尾去心火、两手攀足固肾腰、背后七颠百病消		大腿内侧，当股骨内上髁上4寸，股内肌与缝匠肌之间
10	足五里	疏肝理气，清利下焦。主治：小腹胀痛、小便不利、阴挺、睾丸肿痛；瘰疬	左右开弓似射雕、攒拳怒目增气力、摇头摆尾去心火、两手攀足固肾腰、背后七颠百病消		大腿内侧，当气冲直下3寸，大腿根部，耻骨结节的下方，长收肌的外缘
11	阴廉	疏肝调经，通经止痛。主治：月经不调、带下；小腹胀痛	左右开弓似射雕、攒拳怒目增气力、摇头摆尾去心火、两手攀足固肾腰、背后七颠百病消		大腿内侧，当气冲穴直下2寸，大腿根部，耻骨结节的下方长收肌的外缘
12	急脉	疏肝理气，通络止痛。主治：疝气，阴挺、阴茎痛、少腹痛，股内侧痛	左右开弓似射雕、攒拳怒目增气力、摇头摆尾去心火、两手攀足固肾腰、背后七颠百病消		耻骨结节的外侧，当气冲穴外下方，腹股沟股动脉搏动处，前正中线旁开2.5寸
13	章门	健脾消痞、利腰强膝、疏肝健脾，促进消化。主治：腹痛、腹胀、肠鸣、泄泻、反酸、烧心、胁肋痛、腰肌部疼痛、痞块	攒拳怒目增气力、摇头摆尾去心火		侧腹部，当第十一肋游离端的下方

| 14 | 期门 | 疏肝理气、化瘀散结、清热利湿。主治：胸胁胀满疼痛、呕吐、呃逆、吞酸腹胀、泄泻、饥不欲食、胸中热、喘咳、奔豚、疟疾、伤寒热入血室 | 攒拳怒目增气力、摇头摆尾去心火 | 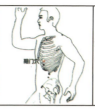 | 胸部，当乳头直下，第6肋间隙，前正中线旁开4寸 |

八段锦动作任脉关键腧穴速查

序号	腧穴名称	主要功能	八段锦动作速查	图示	备注
1	会阴	醒神镇惊、通调二阴。主治：阴痒、阴痛、阴部汗湿、阴门肿痛、小便难、大便秘结、闭经、疝气、溺水窒息、产后昏迷不醒、癫狂	抱球桩、左右开弓似射雕、摇头摆尾去心火、两手攀足固肾腰、攒拳怒目增气力、背后七颠百病消	会阴穴	会阴部，男性阴囊根部与肛门连线中点，女性大阴唇后联合与肛门连线中点
2	曲骨	清热利尿、补肾调经。主治：小便不利、遗尿、遗精、阳痿、痛经、月经不调、带下	抱球桩、两手托天理三焦、摇头摆尾去心火、两手攀足固肾腰、背后七颠百病消	曲骨穴	耻骨联合上缘腹下部耻骨联合上缘上方凹陷处
3	中极	益肾兴阳、通经止带。主治：遗溺、小便不利、遗精、阳痿；月经不调、崩漏带下、阴挺、不孕；疝气	抱球桩、两手托天理三焦、摇头摆尾去心火、两手攀足固肾腰、背后七颠百病消	中极穴	腹部，前正中线上，当脐中下4寸
4	关元	培肾固本、调气回阳。主治：腹泻、痢疾、脱肛、便血；月经不调、痛经、经闭、崩漏、带下、阴挺、产后恶露不尽、胞衣不下；遗精、阳痿、早泄；小便不利、遗尿；疝气；中风脱证、虚劳冷惫、羸瘦无力	抱球桩、两手托天理三焦、摇头摆尾去心火、两手攀足固肾腰、背后七颠百病消	关元穴	下腹部，前正中线上，脐中下3寸

123

5	石门	补肾调经、清利湿热。主治：腹痛、水肿、疝气、小便不利、泄泻、经闭、带下、崩漏	抱球桩、两手托天理三焦、摇头摆尾去心火、两手攀足固肾腰、背后七颠百病消		下腹部，前正中线上，当脐中下2寸
6	气海	利下焦、补元气、行气散滞。主治：腹痛、泄泻、便秘；遗尿、阳痿、遗精、滑精、月经不调、闭经、崩漏；中风脱证、赢瘦无力、脑血管病、气喘、心下痛、疝气、神经衰弱	抱球桩、两手托天理三焦、摇头摆尾去心火、两手攀足固肾腰、背后七颠百病消		下腹部，前正中线上，当脐中下1.5寸
7	阴交	调经血、温下元。主治腹痛、疝气、水肿、月经不调、带下	抱球桩、两手托天理三焦、摇头摆尾去心火、两手攀足固肾腰、背后七颠百病消		下腹部，前正中线上，当脐中下1寸
8	神阙	培元固本、回阳救脱、和胃理肠。主治：胃炎、肠炎、昏厥、尿潴留及妇科疾病	抱球桩、两手托天理三焦、摇头摆尾去心火、两手攀足固肾腰、背后七颠百病消		腹中部，脐中央
9	水分	健脾化湿、利水消肿。主治：腹痛、肠鸣泄泻、水肿、蛊胀、肾炎	抱球桩、两手托天理三焦、摇头摆尾去心火、两手攀足固肾腰、背后七颠百病消		上腹部，前正中线上，当脐中上1寸
10	下脘	温中和胃，消食化滞。主治：脘痛、腹胀、呕吐、呃逆、消化不良、肠鸣、泄泻、痞块、虚肿	抱球桩、两手托天理三焦、摇头摆尾去心火、两手攀足固肾腰、背后七颠百病消		上腹部，前正中线上，脐中上2寸

11	建里	健脾理气、和胃消积。主治：胃痛、呕吐、食欲不振、腹胀、水肿	抱球桩、两手托天理三焦、摇头摆尾去心火、两手攀足固肾腰、背后七颠百病消		腹部，前正中线上，当脐中上3寸
12	中脘	和胃降逆、健脾利水。主治：胃痛、纳呆、呕吐、吞酸、呃逆、小儿疳积；黄疸；癫狂、脏躁	抱球桩、两手托天理三焦、摇头摆尾去心火、两手攀足固肾腰、背后七颠百病消		脐中上4寸，前正中线上
13	上脘	调理脾胃，疏肝宁神。主治：胃痛、呕吐、呃逆、腹胀、癫痫	抱球桩、两手托天理三焦、摇头摆尾去心火、两手攀足固肾腰、背后七颠百病消		上腹部，前正中线上，当脐中上5寸
14	巨阙	理气安神，和胃利膈。主治：胸痛、心痛，心悸、呕吐、癫狂痫	抱球桩、两手托天理三焦、摇头摆尾去心火、两手攀足固肾腰、背后七颠百病消		上腹部，前正中线上，当脐中上6寸
15	鸠尾	宽胸化痰、和胃降逆、清热熄风。主治胸痛、呃逆、腹胀、癫狂痫	抱球桩、两手托天理三焦、摇头摆尾去心火、两手攀足固肾腰、背后七颠百病消		上腹部，前正中线上，当胸剑结合部下1寸
16	中庭	宽胸理气，降逆理中。主治：胸胁胀满、心痛；呕吐、小儿吐乳	抱球桩、两手托天理三焦、左右开弓似射雕、摇头摆尾去心火、两手攀足固肾腰、背后七颠百病消		胸部，当前正中线上，平第五肋间，即胸剑结合处

125

17	膻中	活血通络、理气开胸、止咳平喘、降气通络。主治疾病：治疗支气管哮喘、支气管炎、心绞痛、冠心病、胸膜炎、肋间神经痛、乳腺炎	抱球桩、两手托天理三焦、左右开弓似射雕、摇头摆尾去心火、两手攀足固肾腰、背后七颠百病消		前正中线，平第4肋间，两乳头连线的中点
18	玉堂	宽胸止痛、止咳化痰、利咽。主治：咳嗽、气短、心烦、胸闷喘息、呕吐寒痰、膺胸疼痛、喉痹咽塞、胸膜炎、支气管炎、两乳肿痛	抱球桩、两手托天理三焦、左右开弓似射雕、摇头摆尾去心火、两手攀足固肾腰、背后七颠百病消		胸部，当前正中线上，平第3肋间
19	紫宫	宽胸理气、清肺利咽。主治：咳嗽、气喘、胸痛	抱球桩、两手托天理三焦、左右开弓似射雕、摇头摆尾去心火、两手攀足固肾腰、背后七颠百病消		胸部，当前正中线上，平第二肋间
20	华盖	宽胸利肺、止咳平喘。主治：咳嗽、气喘、胸痛、胁肋痛、喉痹、咽肿	抱球桩、两手托天理三焦、左右开弓似射雕、摇头摆尾去心火、两手攀足固肾腰、背后七颠百病消		胸部，当前正中线上，平第1肋间
21	璇玑	宽胸理气、止咳利咽。主治：咳嗽、气喘；胸痛、咽喉肿痛	抱球桩、两手托天理三焦、左右开弓似射雕、摇头摆尾去心火、两手攀足固肾腰、背后七颠百病消		胸部，当前正中线上，天突下1寸

22	天突	宣肺祛痰，止咳平喘。主治：咳嗽、气喘、胸痛、咽喉肿痛、梅核气；呃逆、噎膈	两手托天理三焦、左右开弓似射雕		颈部，当前正中线上，胸骨上窝中央
23	廉泉	清音利喉，疏风泄热，清咽利舌。主治：口腔溃疡、舌面溃疡、舌下肿痛、急性咽炎、舌下神经麻痹、语言不清、失语、脑血管病引起的语言障碍	两手托天理三焦、摇头摆尾去心火		颈上部正中，于下颌下缘与舌骨体之间，下颌下缘1寸的凹陷处取穴
24	承浆	祛风、通络、消肿。主治：口㖞、齿龈肿痛、流涎、暴喑、癫狂	两手托天理三焦、摇头摆尾去心火		面部，当颏唇沟的正中凹陷处

八段锦动作督脉关键腧穴速查

序号	腧穴名称	主要功能	八段锦动作速查	图示	备注
1	长强	清肠泄热，利湿通淋，镇惊通络。主治：痔疾、脱肛、便秘、泄泻等肠腑病证；癫痫，腰脊及尾骶部疼痛	抱球桩、两手托天理三焦、摇头摆尾去心火、两手攀足固肾腰、背后七颠百病消		尾骨端下，当尾骨端与肛门连线的中点处
2	腰俞	调经清热、散寒除湿主治：腰脊强痛、腹泻、便秘、痔疾、脱肛、便血、癫痫、淋浊、月经不调、下肢痿痹等	抱球桩、两手托天理三焦、摇头摆尾去心火、两手攀足固肾腰、背后七颠百病消		骶部，当后正中线上，适对骶管裂孔
3	腰阳关	祛寒除湿、舒筋活络。主治：腰骶疼痛、下肢痿痹、月经不调、赤白带下、遗精、阳痿、便血、腰骶神经痛、坐骨神经痛、类风湿病、小儿麻痹、盆腔炎	抱球桩、两手托天理三焦、摇头摆尾去心火、两手攀足固肾腰、背后七颠百病消		腰部，当后正中线上，第4腰椎棘突下凹陷中

4	命门	益肾壮阳，清热安神，调理冲任。主治:遗精、阳痿、早泄;月经不调、赤白带下、痛经、闭经;遗尿、尿频、腰骶疼痛、下肢痿痹;泄泻、小腹冷痛	抱球桩、两手托天理三焦、摇头摆尾去心火、两手攀足固肾腰、背后七颠百病消	命门穴	腰部，当后正中线上，第2腰椎棘突下凹陷中
5	悬枢	助阳健脾，通调肠气。主治:腰脊强痛;泄泻、腹痛、胀鸣等	抱球桩、两手托天理三焦、摇头摆尾去心火、两手攀足固肾腰、背后七颠百病消	悬枢穴	腰部，当后正中线上，第1腰椎棘突下凹陷中
6	脊中	健脾利湿，宁神镇惊。主治:腹满、黄疸、脱肛、小儿疳积;腰脊强痛、癫痫等	抱球桩、两手托天理三焦、摇头摆尾去心火、两手攀足固肾腰、背后七颠百病消	脊中穴	背部，当后正中线上，第11胸椎棘突下凹陷中
7	中枢	健脾利湿，清热止痛。主治:食欲不振、胃痛、腹胀满、呕吐、腰背痛、肝炎、胆囊炎、黄疸等	抱球桩、两手托天理三焦、摇头摆尾去心火、两手攀足固肾腰、背后七颠百病消	中枢穴	背部脊柱区，第10胸椎棘突下凹陷中，后正中线上
8	筋缩	平肝熄风，宁神镇痉。主治:脊背强急、腰背疼痛、胃痛、癫痫、抽搐、腰背神经痛、胃痉挛、胃炎、癔病	抱球桩、两手托天理三焦、摇头摆尾去心火、两手攀足固肾腰、背后七颠百病消	筋缩穴	背部，当后正中线上，第9胸椎棘下凹陷中
9	至阳	温阳扶正，宽胸利膈。主治:胸胁胀痛、腹痛黄疸、咳嗽气喘、腰背疼痛、身热、胃肠炎、肋间神经痛	抱球桩、两手托天理三焦、摇头摆尾去心火、两手攀足固肾腰、背后七颠百病消	至阳穴	背部，当后正中线上，第7胸椎棘下凹陷中
10	灵台	清热化湿，止咳定喘。主治:咳嗽、气喘、疔疮、脊背强痛	抱球桩、两手托天理三焦、摇头摆尾去心火、两手攀足固肾腰、背后七颠百病消	灵台穴	背部，当后正中线上，第6胸椎棘下凹陷中

11	神道	养心安神，熄风止痉，清热通络。主治：心悸、心痛、失眠、健忘；咳嗽、嗳膈；脊背强痛	抱球桩、两手托天理三焦、摇头摆尾去心火、两手攀足固肾腰、背后七颠百病消		背部，当后正中线上，第五胸椎棘突下凹陷中
12	身柱	宣肺泻热，清心宁神。主治：咳嗽、气喘、癫痫、脊背强痛	两手托天理三焦、左右开弓似射雕、五劳七伤往后瞧、摇头摆尾去心火、背后七颠百病消		背部，当后正中线上，第三胸椎棘突下凹陷处
13	陶道	宣肺解表，熄风止痉，镇惊安神。主治：热病、疟疾；头痛、脊强	两手托天理三焦、左右开弓似射雕、五劳七伤往后瞧、摇头摆尾去心火、背后七颠百病消		背部，在后正中线上第1胸椎棘下凹陷中
14	大椎	清热解表、截疟止痫。主治：项强、脊痛；恶寒发热、咳嗽、气喘等外感病证；热病、疟疾、骨蒸潮热；癫狂痫、小儿惊风；风疹、痤疮	两手托天理三焦、左右开弓似射雕、五劳七伤往后瞧、摇头摆尾去心火、背后七颠百病消		第七颈椎棘突下，两肩峰连线的中点
15	哑门	散风熄风，开窍醒神。主治：暴喑、舌缓不语、癫狂痫、癔症；头痛、颈项强痛	摇头摆尾去心火、背后七颠百病消		项部，当后发际正中直上0.5寸，第一颈椎下
16	后顶	清头明目、安神定志。主治：头痛、眩晕、癫狂痫	摇头摆尾去心火、背后七颠百病消		头部，当后发际正中直上5.5寸（脑户穴上3寸）
17	百会	治疗头痛、眩晕、鼻塞、耳鸣、中风、失语、脱肛、阴挺、久泻久痢、安神定志调节神经系统疾病	八段锦抱球桩、左右开弓似射雕、摇头摆尾去心火、背后七颠百病消等动作的百会上领		头顶两耳连线中点

129

参考文献

[1] 梁海龙 . 道家秘功八段锦 . 北京：北京体育大学出版社，2015.

[2] 李然 . 健身气功八段锦运动指南 . 北京：化学工业出版社，2020.

[3] 沈雪勇，刘存志 . 经络腧穴学 . 北京：中国中医药出版社，2021.

[4] 周伟良 . 易筋经校释 . 北京：中华书局，2023.

[5] 肖建喜 . 黄帝内经全集：全译图解版 . 长春：吉林科学技术出版社，

  2018.